Deus é o evangelho

Deus é o evangelho

Um tratado sobre o amor de Deus como oferta de si mesmo

John Piper

FIEL Editora

P665d Piper, John, 1946-
Deus é o evangelho : um tratado sobre o amor de Deus como oferta de si mesmo / John Piper ; [tradução: Francisco Wellington Ferreira]. – 2. ed. – São José dos Campos, SP: Fiel, 2019.

220 p.
Tradução de: God is the Gospel : meditations on God's love as the gift of Himself.
Inclui referências bibliográficas.
ISBN 9788581325774

1. Deus (Cristianismo) – Amor. I. Título.

CDD: 231.6

Catalogação na publicação: Mariana C. de Melo Pedrosa – CRB07/6477

DEUS É O EVANGELHO
Traduzido do original em inglês
God is the Gospel por John Piper

Copyright©2005 by Desiring God Foundation

∎

Publicado por Crossway Books,
Um ministério de publicações de Good News Publishers
Wheaton, Illinois 60187, U.S.A

Esta edição foi publicada através de um acordo com Good News Publishers

Editora FIEL©2006
1ª Edição em Português: 2006
2ª Edição em Português: 2019

Todos os direitos em língua portuguesa reservados por Editora Fiel da Missão Evangélica Literária
PROIBIDA A REPRODUÇÃO DESTE LIVRO POR QUAISQUER MEIOS SEM A PERMISSÃO ESCRITA DOS EDITORES, SALVO EM BREVES CITAÇÕES, COM INDICAÇÃO DA FONTE.

∎

Diretor: Tiago J. Santos Filho
Editor: Tiago J. Santos Filho
Tradução: Francisco Wellington Ferreira
Revisão: Ana Paula Eusébio Pereira e Marilene Pascho
Diagramação: Rubner Durais
Capa: Rubner Durais

978-85-8132-577-4 (impresso)
978-85-8132-578-1 (ebook)

FIEL Editora

Caixa Postal 1601
CEP: 12230-971
São José dos Campos, SP
PABX: (12) 3919-9999
www.editorafiel.com.br

A
Abraham e Molly Piper,
que juntos estão fazendo casamento e música
para o melhor dom do amor.

Nossa vida procede de Ti,
E para Ti ela retorna;
Assim, começamos a viver.
Tu és a vida de nossa vida;
És o âmago dos corações.
Tu és o dom que nos dás.
(acp)

SUMÁRIO

Introdução: aquilo que o mundo mais necessita — o maior dom do evangelho, Deus 11

1 O evangelho — proclamação e explicação 21
2 O evangelho — a visão bíblica de seu significado 29
3 O evangelho — "eis aí está o vosso Deus" 47
4 O evangelho — a glória de Cristo, a imagem de Deus 69
5 O evangelho — confirmado por sua glória, o testemunho interno do Espírito Santo 91
6 O evangelho — a glória de Cristo no evangelismo, missões e santificação 105
7 O evangelho — a glória da felicidade de Deus 121
8 O evangelho — a glória de Cristo como fundamento da contrição que exalta a Cristo 127
9 O evangelho — Deus como o dom supremo e presente em todas as suas dádivas salvíficas e dolorosas 143
10 O evangelho — Deus como o dom supremo e presente em todas as suas dádivas agradáveis 163
11 O evangelho — o que o torna essencialmente bom: ver a glória ou ser glorioso? 181

Conclusão: Deus é o evangelho — sacrifiquemos e cantemos 203

UMA PALAVRA DE AGRADECIMENTO

Primeiramente, a Jesus Cristo: "Render-te-ei graças porque me acudiste e foste a minha salvação... Eu te contemplo no santuário, para ver a tua força e a tua glória. Porque a tua graça é melhor do que a vida; os meus lábios te louvam" (Sl 118.21; 63.2,3).

Em segundo, a Noël e Talitha: obrigado por me amarem quando desapareci, indo ao escritório, para os longos dias de redação. Obrigado por viverem o evangelho comigo.

Em terceiro, ao grupo de pessoas que me amparou em oração: obrigado pela intercessão diária de vocês e por batalharem em meu favor, contra Satanás, o pecado, a enfermidade e a sabotagem. Em sua misericórdia, Deus lhes respondeu.

Em quarto, aos irmãos e pastores da Igreja Batista Bethlehem: obrigado pela licença ministerial, dando-me tempo para escrever, e pelos sacrifícios que vocês realizam em favor da visão de propagarmos uma paixão pela supremacia de Deus em todas as coisas, especialmente no evangelho.

Em quinto, a Justin Taylor e Carol Steinbach, do ministério Desiring God (Desejando a Deus): obrigado pelo aprimoramento teológico, pela revisão perspicaz, pelo trabalho árduo mas agradável (a elaboração dos índices) e pelo produtivo companheirismo na exaltação da verdade de que Deus é mais glorificado quando nos satisfazemos mais nele.

Finalmente, a Jonathan Edwards e John Owen, cuja visão das glórias de Cristo tem sido, para minha alma, um feixe de luz e vida espiritual. Muito obrigado!

*Pois também
Cristo morreu, uma única vez,
pelos pecados, o justo pelos injustos,
para conduzir-vos a Deus.*
1 PEDRO 3.18

INTRODUÇÃO

AQUILO QUE O MUNDO MAIS NECESSITA — O MAIOR DOM DO EVANGELHO, DEUS

Em nossos dias — como em cada geração — é impressionante observar o afastamento do conceito de Deus mesmo como o dom de amor todo-satisfatório. É impressionante como raramente o próprio Deus é proclamado como o maior dom do evangelho. No entanto, a Bíblia ensina que o melhor e mais importante dom do amor de Deus é o desfrutar da beleza dele mesmo. "Uma coisa peço ao SENHOR, e a buscarei: que eu possa morar na Casa do SENHOR todos os dias da minha vida, para contemplar a beleza do SENHOR e meditar no seu templo" (Sl 27.4). O melhor e mais importante dom do evangelho é ganharmos a Cristo. "Considero tudo como perda, por causa da sublimidade do conhecimento de Cristo Jesus, meu Senhor; por amor do qual perdi todas as coisas e as considero como refugo, para ganhar a Cristo" (Fp 3.8). Este é o dom do amor de Deus, o dom que envolve todo o nosso ser e o recebemos por meio do evangelho: ver e experimentar o amor de Cristo para sempre.

Em lugar disto, temos transformado o amor de Deus e o evangelho de Cristo em uma aprovação divina de nosso deleite em coisas menos importantes, especialmente o deleite de sermos considerados importantes. O teste rigoroso do teocentrismo bíblico — e da fidelidade ao evangelho — é este: você se sente mais amado porque Deus o trata com muito valor ou porque, ao custo de seu Filho, Ele o capacita a regozijar-se em considerá-Lo importante para sempre? A sua felicidade depende de ver a cruz de Cristo como uma testemunha de como você é valioso ou como um meio de experimentar o quanto Deus é importante, para sempre? A glória de Deus em Cristo é o fundamento de sua felicidade?

Desde o primeiro pecado no Jardim do Éden até ao Juízo Final, no Grande Trono Branco, os seres humanos continuarão a aceitar o amor de Deus como aquilo que nos dá tudo, exceto Ele mesmo. De fato, existem milhares de dádivas que fluem do amor de Deus. O evangelho de Cristo proclama as boas-novas de que Ele comprou, por meio de sua morte, inumeráveis bênçãos para sua noiva. Mas nenhuma destas dádivas nos levará ao gozo final, se não nos tiverem levado primeiramente a Deus. E nenhuma das bênçãos do evangelho será desfrutada por qualquer pessoa que não tenha o Senhor mesmo como a maior dádiva do evangelho.

O AMOR DIVINO É UMA APROVAÇÃO DA AUTO-ADMIRAÇÃO?

Uma triste realidade é que nossa cultura e nossas igrejas estão permeadas por uma visão de amor radicalmente centralizado no homem. Desde o tempo em que as crianças começam a dar os primeiros passos, lhes ensinamos que sentir-se amado significa ser considerado muito importante. Temos construído todas as nossas filosofias de educação ao redor deste ponto de vista sobre o amor — currículos, habilidades paternais, estratégias de motivação, modelos terapêuticos e técnicas de negociação. A maioria das pessoas modernas dificilmente pode imaginar uma compreensão alternativa de sentir- se amado, exceto a de sentirem-se importantes. Se você não me trata como alguém importante, não está me amando. Contudo, quando aplicamos a Deus esta definição de amor, ela enfraquece a dignidade dele, minimiza a sua bondade e nos priva de nossa satisfação final. Se o desfrutar de Deus mesmo não é o melhor e o mais sublime dom do amor, então, Deus não é o maior tesouro, o fato de Ele ter dado a Si mesmo não é a mais elevada expressão de misericórdia, o evangelho não é as boas-novas de que pecadores podem desfrutar de seu Criador, Cristo não sofreu para nos trazer de volta a Deus, e nossa alma precisa buscar algo além dele para encontrar satisfação.

Esta distorção do amor divino em uma aprovação de auto-admiração é sutil. Introduz-se sorrateiramente em nossos atos religiosos. Alegamos que louvamos a Deus por causa de seu amor por nós. Mas, se o amor de Deus por nós é, na verdade, o fato de Ele nos considerar importantes, quem realmente está sendo adorado? Parece que estamos dispostos a ser pessoas centralizadas em Deus, enquanto Ele se mostrar centralizado no homem. Estamos dispostos a nos gloriarmos na cruz, contanto que a cruz seja um testemunho de quanto somos valiosos. Então, quem é a nossa glória e gozo?[1]

O GRANDE "EU" OU O GRANDE ESPLENDOR?

Nosso erro fatal é crermos que desejar ser feliz significa desejar ser considerado importante. É tão bom ser aprovado. Mas este bom sentimento está arraigado na dignidade do "eu", e não na dig-

---

[1] No Capítulo 10, abordaremos o assunto do gozo apropriado nos dons de Deus, incluindo as pessoas. Por enquanto, considere, por exemplo, que, mesmo diante da afirmação de Paulo em 1 Tessalonicenses 2.19: "Pois quem é a nossa esperança, ou alegria, ou coroa em que exultamos, na presença de nosso Senhor Jesus em sua vinda? Não sois vós?", ainda permanece a questão: qual era a fonte, o alicerce, a base ou o alvo crucial do gozo dele? Não há dúvida de que as pessoas nos trazem alegria. Também não há dúvida de que uma consciência pura é uma fonte de regozijo (Rm 14.22). A questão é: como este gozo se relaciona com Deus? Estas coisas são a causa de gozo porque nos mostram mais de Deus ou nos levam a Ele? Ou Deus é um gozo porque nos leva a estas coisas?

nidade de Deus. Este caminho para a felicidade é uma ilusão. E existem evidências disso. Em cada coração humano, existem evidências mesmo antes da conversão a Cristo. Uma das evidências é que ninguém vai ao Grand Canyon ou aos Alpes para aumentar a sua auto-estima. Isso não acontece quando estamos diante de montanhas elevadíssimas e abismos majestosos. Mas realmente vamos lá e o fazemos para obter gozo. Então, como podemos ter verdadeiro gozo, se o sermos considerados importantes é o centro de nosso bem-estar e felicidade? A resposta é que sermos considerados importantes não é o centro de nosso bem-estar e felicidade. Em maravilhosos momentos de iluminação, existe um testemunho em nosso coração: o bem-estar da alma e a felicidade abundante não resultam de contemplarmos um grande "eu", e sim de contemplarmos um grande esplendor.

O SUPREMO, O MELHOR, O FINAL E O DECISIVO BEM NO EVANGELHO

O evangelho de Jesus Cristo revela que esplendor é este. Paulo o chama de "a luz do evangelho da glória de Cristo, o qual é a imagem de Deus" (2 Co 4.4). Dois versículos depois, ele o chama de "a glória de Deus, na face de Cristo" (v. 6).

Quando afirmo que *Deus é o Evangelho*, estou dizendo que o supremo, o melhor, o final e o decisivo bem no evangelho, sem o qual nenhuma outra dádiva seria boa, é a glória e Deus na face de Cristo, revelada para nosso gozo eterno. O amor salvífico de Deus é o compromisso de Deus em fazer tudo que for necessário para nos cativar com aquilo que é mais profundo, durável e satisfatório, ou seja, Ele mesmo. Visto que somos pecadores e não temos qualquer direito nem desejo de ser cativados por Deus, o amor de Deus estabeleceu um plano de redenção para dar-nos esse direito

*Introdução: aquilo que o mundo mais necessita —
o maior dom do evangelho, Deus*

e esse desejo. A suprema demonstração do amor de Deus foi o envio de seu Filho, para morrer por nossos pecados e ressuscitar, a fim de que pecadores tivessem o direito de se aproximarem de Deus e o prazer de sua presença para sempre.

Para que seja boas-novas, o evangelho tem de prover uma dádiva totalmente satisfatória e eterna que pecadores indignos possam receber e desfrutar. Para que isso seja verdade, a dádiva precisa ser constituída de três elementos. Primeiro — a dádiva tem de ser comprada pelo sangue e pela justiça de Jesus Cristo, o Filho de Deus. Os nossos pecados têm de ser cobertos; a ira de Deus contra nós, removida; e a justiça de Cristo, imputada a nós. Segundo — a dádiva tem de ser gratuita, não merecida. Não haveriam quaisquer boas-novas, se merecêssemos a dádiva, o dom do evangelho. Terceiro — a dádiva tem de ser o próprio Deus, acima de todas as suas outras dádivas.

Este livro seria entendido erroneamente, se fosse visto como uma minimização das batalhas que travamos em favor de uma compreensão bíblica *dos caminhos e dos meios* que Deus tem usado na consumação e aplicação da redenção.[2] O fato de que este livro se concentra no infinito valor do alvo final do evangelho deve aumentar, em vez de diminuir, nossa determinação de não comprometer os grandes meios do evangelho usados por Deus para nos trazer até este momento.

---

2 Outra maneira de dizer isto é afirmar que toda a declaração clássica de John Murray, em seu livro *Redemption: Accomplished and Applied* (Grand Rapids, Michigan: William B. Eerdmans, 1955), é crucial, não apenas na seção concludente que se refere à "glorificação". Nossos conceitos sobre a necessidade, a natureza, a perfeição e a extensão da expiação, bem como sobre a chamada eficaz, a regeneração, a fé, o arrependimento, a justificação, a adoção, a santificação, a perseverança e a união com Cristo, são cruciais. Nada do que eu digo neste livro deve ser entendido no sentido de minimizar estas verdades bíblicas. Espero que a preciosidade do alvo (ver e experimentar a Deus mesmo) nos torne mais vigilantes em preservar a verdade dos meios.

O evangelho é as boas-novas de nosso gozo completo e final da glória de Deus na face de Cristo. O fato de que este gozo teve de ser comprado para os pecadores ao preço da vida de Cristo faz com que a glória dele resplandeça intensamente. E o fato de que este gozo é um dom gratuito e imerecido faz com que a glória resplandeça ainda mais intensamente. Entretanto, o preço que Jesus pagou pelo dom e a gratuidade imerecida do dom não são o próprio dom. O dom é o próprio Cristo, como a imagem gloriosa de Deus — visto e experimentado com gozo eterno.

VOCÊ SERIA FELIZ NO CÉU, SE CRISTO NÃO ESTIVESSE LÁ?

A pergunta crucial para nossa geração — e para cada geração — é esta: se você pudesse ter o céu, sem doenças, com todos os amigos que tinha na terra, com toda a comida que gostava, com todas as atividades relaxantes que já desfrutou, todas as belezas naturais que já contemplou, todos os prazeres físicos que já experimentou, nenhum conflito humano ou desastres naturais, ficaria satisfeito com o céu, se Cristo não estivesse lá?

E a pergunta para os líderes de igrejas é: pregamos, ensinamos e orientamos de tal modo que os crentes estejam preparados para ouvir esta pergunta e responder com um ressoante "Não"? Como entendemos o evangelho e o amor de Deus? Será que, juntamente com o mundo, temos deixado de ver o amor de Deus como a dádiva dele mesmo para considerar este amor como um espelho que reflete aquilo que gostamos de ver? Temos apresentado o evangelho de maneira tal que o dom da glória de Deus na face de Cristo é secundário, em vez de central e essencial? Se temos feito isso, espero que este livro seja um instrumento de Deus para nos despertar, a fim de vermos o supremo valor e importância da "luz do evangelho da glória de Cristo, o qual é a imagem de Deus". Espero que nossos ministérios tenham o mesmo ponto focal do ministério de John Owen, o grande escritor puritano do século XVII. Richard Daniels disse a respeito dele:

> Havia um tema sobremodo importante para John Owen, o qual ele citava ampla e freqüentemente; e ao qual nos referimos como o ponto focal da teologia de Owen... ou seja, a doutrina que vemos no evangelho, por meio do Espírito Santo outorgado por Cristo, é a glória de Deus "na face de Cristo", e por meio dessa doutrina somos transformados na imagem dele.[3]

ESTAMOS PREPARANDO PESSOAS PARA O CÉU?

Podemos realmente dizer que as pessoas de nossa igreja estão sendo preparadas para o céu, onde Cristo mesmo, e não os seus dons, será o deleite supremo? Se estão despreparadas para isso, elas realmente irão ao céu? Não é a fé que nos leva ao céu a antecipação do banquete de Cristo? Em certa ocasião, J. C. Ryle pregou um sermão intitulado "Cristo é Tudo", baseado em Colossenses 3.11. Ele disse em seu sermão:

> Infelizmente, porém, quão pouco preparados para o céu estão muitos que falam em "ir para o céu" quando morrerem, ao mesmo tempo em que não manifestam qualquer fé salvífica, nem verdadeira familiaridade com Cristo. Esses não

---

3 Richard Daniels, *The Christology of John Owen* (Grand Rapids, Michigan: Reformation Heritage Books, 2004), p. 92.

honram a Cristo neste mundo; não têm comunhão com Ele; não O amam. O que poderiam fazer no céu? O céu não seria lugar apropriado para eles. As alegrias celestiais não alegrariam essas pessoas. A felicidade celeste não poderia ser compartilhada por elas. As atividades que caracterizam o céu seriam canseira e enfado para o coração dessas pessoas. Se você está entre esses, arrependa-se e mude a sua atitude antes que seja tarde demais![4]

Nada torna uma pessoa mais útil na terra do que o estar preparada para o céu. Isto é verdade porque estar pronto para o céu significa ter prazer em contemplar o Senhor Jesus, e contemplar a glória do Senhor significa ser transformado na glória da sua imagem (2 Co 3.18). Nada poderia abençoar tanto a este mundo como mais pessoas semelhantes a Cristo. Pois, nesta semelhança, o mundo veria a Cristo.

AQUILO DE QUE O MUNDO MAIS NECESSITA

Quando celebramos o evangelho de Cristo e o amor de Deus, e enaltecemos o dom da salvação, devemos fazê-lo de um modo que as pessoas vejam, por meio disso, o próprio Deus. Que os que ouvem, de nossos lábios, o evangelho, saibam que a salvação é o dom de ver e experimentar a glória de Cristo; e esse dom foi comprado com sangue. Creiam eles e digam: "Cristo é tudo!" Ou, usando as palavras do salmista: "Os que amam a tua salvação digam sempre: Deus seja magnificado!" (Sl 70.4). Não digam: "Magnificada seja a salvação!", e sim: "Deus seja magnificado!"

---

[4] J. C Ryle em um sermão intitulado "Cristo é Tudo", baseado em Colossenses 3.11. *Santidade... Sem a Qual Ninguém Verá o Senhor* (São José dos Campos, SP: Editora Fiel, 2002), p. 186.

*Introdução: aquilo que o mundo mais necessita —
o maior dom do evangelho, Deus*

Que a igreja do Senhor Jesus confesse com intensidade crescente: "O SENHOR é a porção da minha herança e o meu cálice" (Sl 16.5); "Como suspira a corça pelas correntes das águas, assim, por ti, ó Deus, suspira a minha alma. A minha alma tem sede de Deus, do Deus vivo" (Sl 42.1,2); "Estamos em plena confiança, preferindo deixar o corpo e habitar com o Senhor" (2 Co 5.8); "De um e outro lado, estou constrangido, tendo o desejo de partir e estar com Cristo, o que é incomparavelmente melhor" (Fp 1.23).

De nada mais o mundo necessita além de ver a dignidade de Cristo através de obras e palavras de seu povo, o qual foi atraído por Deus. Isso acontecerá quando a igreja despertar para a verdade de que o amor salvífico de Deus é o dom de Si mesmo e de que Deus mesmo é o evangelho.

*Não temais; eis aqui vos trago
boa-nova de grande alegria, que o será para todo o povo:
é que hoje vos nasceu, na cidade de Davi,
o Salvador, que é Cristo, o Senhor.*
LUCAS 2.10-11

*Irmãos, venho lembrar-vos o evangelho... Antes de tudo, vos
entreguei o que também recebi: que Cristo morreu pelos nossos
pecados, segundo as Escrituras, e que foi sepultado e ressuscitou ao
terceiro dia, segundo as Escrituras.*
1 CORÍNTIOS 15.1-4

1

O EVANGELHO — PROCLAMAÇÃO E EXPLICAÇÃO

Rogo que este livro tenha como um de seus efeitos que o evangelho de Jesus Cristo venha a ser proclamado — anunciado, publicado, declarado, propagado — em toda a sua magnificente plenitude, para que todo o mundo o ouça. É isso que faz uma pessoa que ouviu notícias boas. Ela as anuncia. E *evangelho* significa boas- novas. Boas-novas existem para serem proclamadas — da maneira como o faria o antigo arauto de uma cidade.

> Ouçam! Ouçam! Ouçam, vocês, todos os rebeldes, insubmissos, dissidentes e revoltosos contra o Rei! Ouçam o decreto real! Um grande dia de prestação de contas está chegando, um dia de justiça e vingança. Mas, agora, ouçam isto, todos os habitantes dos domínios do Rei! Por meio desta mensagem, a anistia é proclamada pela misericórdia de vosso Soberano. Um preço foi pago. Todas as dívidas podem ser perdoadas. Toda rebeldia, absolvida. Toda desonra, perdoada. Ninguém está excluído desta oferta. Baixem as armas de rebelião, prostrem-se em submissão, recebam a anistia real como um dom de amor do Rei. Jurem lealdade ao vosso Soberano. Prestem sujeição espontânea e alegre ao vosso Rei.

NOVAS! NOVAS! NOVAS!

A palavra traduzida *evangelho* no Novo Testamento é *euangelion* (eu*agge´lion). Esta palavra se forma de um prefixo que significa bom ou alegre e de um radical que significa mensagem ou notícia. Esta palavra foi usada amplamente no mundo do Novo Testamento para expressar "uma mensagem de vitória, mas também foi usada com referência a mensagens pessoais ou políticas que traziam alegria".[5] Em um período da história em que não havia imprensa, rádio ou televisão, o mensageiro que trazia as boas notícias as entregava pessoalmente. Eram anunciadas em forma de proclamação. E tinham consigo um sentimento de celebração. O mensageiro exultava com as notícias que trazia. Eram *boas*-novas.

Em nossos dias, é fácil perdermos o senso de admiração e maravilha ante à qualidade das novas do evangelho. Se sentíssemos quão boas elas realmente são, não esqueceríamos a maneira como foram anunciadas em Lucas 2.10-11: "O anjo, porém, lhes disse: Não temais; eis aqui vos trago *boa-nova* de grande alegria, que o será para todo o povo: é que hoje vos nasceu, na cidade de Davi, o Salvador, que é Cristo, o Senhor".

Quando estas novas chegaram à terra, o efeito foi extraordinário — porque as novas eram extraordinárias. Nada semelhante a isso havia acontecido antes. Algo absolutamente novo entrara na História. Alguém poderia até dizer: "Toda uma nova história começou com a vinda de Jesus".

POR QUE OS PRISIONEIROS ESTÃO SE REGOZIJANDO? NOVAS!

Considere outra figura sobre a chegada do evangelho. Desta vez não nos referimos ao antigo arauto de uma cidade e sim a um mo-

---

[5] Ulrich Becker, "Evangelho, Evangelizar, Evangelista", em Dicio- nário Internacional de Teologia do Novo Testamento, 4 vols. (São Paulo: Edições Vida Nova, 1986), 2:167.

derno campo de aprisionamento. Imagine prisioneiros de guerra detidos em um acampamento cercado com arame farpado, pouca alimentação e condições de imundície quase ao fim da Segunda Guerra Mundial.[6] Do lado de fora, aqueles que os capturaram estão livres e fazem os seus negócios como se não tivessem qualquer preocupação. No interior da cerca, os soldados capturados estão magros, com olhos fundos, sujos e não barbeados. Alguns morrem a cada dia.

Então, de alguma maneira, uma mensagem de rádio chega clan- destinamente em uma das barracas. Há uma conexão com o mundo exterior e com o progresso da guerra. Um dia, aqueles que os captu- raram vêem algo muito estranho. Do lado de dentro da cerca, os soldados fracos, sujos e não barbeados estão sorrindo, e uns poucos que ainda têm vigor dão gritos e lançam panelas de estanho ao ar.

O que torna isso bastante estranho para todos que se acham do lado de fora da cerca é que nada mudou. Esses soldados ainda estão em cativeiro; ainda têm pouca alimentação e água. E muitos ainda estão doentes e morrendo. Entretanto, o que aqueles que os prenderam não sabem é que esses soldados têm novas. As linhas inimigas foram rompidas. A batalha decisiva de libertação foi travada. E as tropas libertadoras estão a poucos quilômetros do acampamento. A liberdade é iminente.

Esta é a diferença causada pelas novas. Os crentes ouviram as novas de que Cristo veio ao mundo e travou a batalha decisiva, para vencer Satanás, a morte, o pecado e o inferno. A guerra acabará em breve; e já não há dúvida a respeito de quem será o vencedor. Cristo vencerá e libertará todos aqueles que puseram

---

6 Ouvi esta analogia, pela primeira vez, de Ray Bakke, contada em relação ao ministé-rio nos centros urbanos de nosso país. Adaptei-a para usá-la neste livro.

a sua esperança nele. As boas-novas não dizem que o inferno, a morte, o pecado e o sofrimento não existem. As boas-novas afirmam que o próprio Rei veio, e esses inimigos foram vencidos, e, se cremos no que Ele fez e promete, escaparemos da sentença de morte, veremos a glória de nosso Libertador e viveremos com Ele para sempre. Estas novas nos enchem de esperança e gozo (Rm 15.13), nos libertam da autopiedade e nos capacitam a amar aqueles que sofrem. Neste amor sustentado pela esperança, Ele nos ajudará a perseverarmos até que soe a trombeta final de libertação, e o campo de aprisionamento seja transformado em uma "nova terra" (2 Pe 3.13).

MAS, O QUE AS NOVAS SIGNIFICAM?

O evangelho não é apenas novas. Primeiramente, ele é novas; mas, em segundo lugar, é doutrina. *Doutrina* significa ensino, explicação, esclarecimento. Doutrina é parte do evangelho, porque as novas não podem apenas ser declaradas pelos lábios de um arauto — têm de ser entendidas na mente dos que as ouvem. Se o arauto diz: "Com esta mensagem, a anistia é proclamada pela misericórdia de vosso Soberano", alguém perguntará: "O que significa anistia?" Haverá muitas perguntas quando as novas forem anunciadas. "Que preço foi pago?"; "Como temos desonrado o Rei?" Quando o evangelho é proclamado, tem de ser explicado. O que aconteceria se o mensageiro do rádio de ondas curtas, tivesse usado uma terminologia técnica que alguns dos prisioneiros não entendiam? Alguém precisaria explicá-la. Boas-novas ininteligíveis nem chegam a ser notícias, muito menos boas.

A doutrina do evangelho é importante porque as boas-novas são tão ricas, abundantes e maravilhosas, que têm de ser abertas como um cofre de tesouro; e todas as suas preciosidades expostas para o gozo do mundo. A doutrina é a descrição dos tesouros do evangelho. A doutrina descreve o verdadeiro valor desses tesouros e mostra por que eles são tão valiosos. A doutrina guarda os diamantes do evangelho de serem rejeitados como meros cristais. A doutrina protege os tesouros do evangelho dos piratas que não gostam de diamantes e ganham a vida negociando-os por outras pedras. A doutrina faz resplandecer as antigas jóias escondidas no fundo do cofre do tesouro. Coloca em ordem as jóias da verdade do evangelho no tapete vermelho da história, de modo que cada uma delas seja vista em seu mais belo lugar.

Em todo o tempo, a doutrina faz tudo isso com sua cabeça curvada em admiração de que lhe tenha sido permitido falar sobre as coisas de Deus. Sussurra louvores e agradecimentos, enquanto lida com os diamantes do Rei. Seus dedos tremem ante à preciosidade daquilo que está manuseando. Orações ascendem em busca de ajuda, para que nenhuma pedra seja minimizada ou colocada no lugar errado. E, de joelhos, a doutrina do evangelho sabe que serve ao arauto. O evangelho não é principalmente a respeito de algo a ser explicado. A explicação é necessária, mas não é primária. Uma carta de amor tem de ser inteligível, mas a gramática e a lógica não são o ponto principal. O amor é o ponto principal. O evangelho é boas-novas. A doutrina serve ao evangelho. A doutrina serve àquele cujos pés são machucados, e formosos, por andar em lugares ainda não-alcançados com as novas: "Venham, ouçam as novas de Deus! Ouçam o que Deus tem feito! Ouçam! Entendam! Prostrem-se! Creiam!

DEFININDO AS BOAS-NOVAS

Então, quais são as novas? Qual é a mensagem que tem de ser proclamada e explicada? Trataremos disto nos próximos capítulos. No entanto, conserve em mente o ponto de vista deste livro. Nossa questão não é apenas: o que é o evangelho? Nossa questão é: qual é o benefício supremo do evangelho que torna bons todos os aspectos das boas-novas? Qual o alvo do evangelho que, se errarmos retira dele todo o bem? O que pretendemos dizer quando afirmamos que Deus é o evangelho?

*Porém em nada considero
a vida preciosa para mim mesmo, contanto
que complete a minha carreira e o ministério que
recebi do Senhor Jesus para testemunhar
o evangelho da graça de Deus.*
ATOS 20.24

2

O EVANGELHO — A VISÃO BÍBLICA DE SEU SIGNIFICADO

O que veremos neste capítulo se refere a como a Bíblia define o evangelho. Mas, o objetivo principal deste capítulo é mostrar que vários aspectos verdadeiros e preciosos do evangelho podem ser afirmados e, ainda assim, ser perdido o bem maior e final do evangelho. As múltiplas glórias do evangelho são belas. Mas, esse é exatamente o ponto. Se a beleza transcendente não for vista — ou seja, a beleza da glória de Cristo — então, o alvo do evangelho não é atingido. Voltaremos a este assunto no final do capítulo. Por enquanto, consideremos as facetas bíblicas do diamante-evangelho e fixemos nossos olhos na glória que elas tencionam revelar.

COMO DEFINIREMOS O EVANGELHO?

Como a Bíblia define o evangelho? O fato interessante é que a Bíblia (incluindo o grego do Antigo[1] e do Novo Testamento) usa o substantivo "evangelho" (εὐαγγέλιον) 77 vezes e o verbo correspondente a "pregar o evangelho" (εὐαγγελίζω) 77 vezes. Na maioria destes usos, o significado é admitido ao invés de definido. Todavia, há suficientes termos definidores para dar uma visão clara do que é o evangelho. Estruturei este capítulo em torno dos usos da palavra "evangelho" que contêm definições (ou expressões que funcionam como definições) no contexto imediato. O desafio em definir uma

---

1 Somente um destes usos (εὐαγγελίζομαι) no texto grego do Antigo Testamento não se encontra no Antigo Testamento Protestante (Salmos de Salomão 11.1).

palavra ou expressão tão comum, de significado amplo, como "boas-novas" ou "proclamar as boas-novas" é evitarmos dois extremos. Um extremo é definir o evangelho cristão em termos tão amplos que chamaremos de evangelho tudo o que é bom na mensagem cristã. O outro extremo seria definir o evangelho cristão em termos tão restritos que a definição não faça justiça a todos os usos no Novo Testamento. Espero encontrar uma definição intermediária.

EXISTE UM DEUS VIVO

O evangelho inclui as boas-novas de que existe um Deus vivo, que criou o céu e a terra. Quando Paulo e Barnabé chegaram a Listra, uma cidade da Ásia Menor, Deus os capacitou a curar um homem aleijado. As multidões ficaram admiradas e gritaram: "Os deuses, em forma de homens, baixaram até nós" (At 14.11). A Barnabé chamaram Júpiter (Zeus — o rei dos deuses), e a Paulo, Mercúrio (Hermes — o mensageiro dos deuses). O sacerdote de Júpiter queria oferecer-lhes sacrifício.

Mas, nesta altura, Paulo começou a pregar o evangelho. Ele começou a falar: "Senhores, por que fazeis isto? Nós também somos homens como vós, sujeitos aos mesmos sentimentos, e vos anunciamos o *evangelho* [εὐαγγελιζόμενοι] *para que destas coisas vãs vos convertais ao Deus vivo, que fez o céu, a terra*, o mar e tudo o que há neles" (At 14.15). As "boas-novas" incluem a verdade de que há um Deus vivo, que criou todas estas coisas.

Simplesmente, não pode haver boas-novas sem um Deus vivo, que criou o universo. Nenhum aspecto estimado do evangelho cristão teria qualquer significado redentor se não houvesse um Deus vivo, que criou o céu e a terra. Por isso, Lucas, o autor de Atos dos Apóstolos, diz que Paulo começou sua mensagem do evangelho com as boas-novas de que existe algo supremamente superior ao que o povo de Listra havia sonhado em sua religião: existe um Deus que vive e criou todas as coisas. Esta é a pedra fundamental na estrutura do evangelho cristão.

A CHEGADA DA AUTORIDADE IMPERIAL DE DEUS

O evangelho não inclui somente a verdade de que Deus é o Criador, que está vivo hoje — também inclui a verdade de que Ele é o Rei do universo que agora, por meio de Jesus Cristo, exerce sua autoridade imperial no mundo, por amor de seu povo. Em Romanos 10.15, o apóstolo Paulo cita Isaías 52.7 para mostrar que este evangelho fora predito por Deus. "Que formosos são sobre os montes os pés do que anuncia as *boas-novas* [εὐαγγελιζομένου], que faz ouvir a paz, que anuncia coisas boas [εὐαγγελιζομένος], que faz ouvir a salvação, que diz a Sião: *O teu Deus reina!*"

Essas últimas palavras definem uma parte fundamental das boas-novas que Isaías predisse. "O teu Deus reina!" O governo soberano de Deus é essencial ao evangelho. Isaías viu de antemão o dia em que o governo soberano de Deus sobre todas as coisas chegará a este mundo, de um modo mais público, e trará grande bênção ao povo de Deus. Por isso, quando o Messias prometido veio ao mundo, esta foi a maneira primária como Ele apresentou o evangelho. "Depois de João ter sido preso, foi Jesus para a Galiléia, pregando *o evangelho de Deus*, dizendo: *O tempo está cumprido, e o reino de Deus está próximo; arrependei-vos e crede no evangelho*" (Mc 1.14, 15).[2] Em outras pa-

---

[2] Ver também Lucas 4.43: "Ele, porém, lhes disse: É necessário que eu anuncie o evangelho do reino de Deus também às outras cidades, pois para isso é que fui enviado". Lucas 8.1 acrescenta: "Aconteceu, depois disto, que andava Jesus de cidade em cidade e de aldeia em aldeia, pregando e anunciando o evangelho do reino de Deus". Lucas 16.16 também diz: "A Lei e os Profetas vigoraram até João; desde esse tempo, vem sendo anunciado o evangelho do reino de Deus, e todo homem se esforça por entrar nele". Uma excelente introdução ao ensino de Jesus sobre o reino de Deus se encontra em *The Presence of the Future* (Grand Rapids, Michigan: Eerdmans, 1996), escrito por George Eldon Ladd.

lavras, o reino de Deus irrompeu neste mundo a fim de endireitar as coisas por amor ao povo dele; *portanto*, arrependa-se e creia nestas boas-novas. De fato, se você fizer isso, se tornará parte do povo de Deus. Em um mundo tão cheio de aflição e pecado, simplesmente não pode haver boas-novas, se Deus não se introduz com autoridade real. Se Ele não vier com direitos soberanos como Rei do universo, haverá somente desesperança neste mundo.

JESUS, O SALVADOR, QUE É CRISTO, O SENHOR

À medida que o ministério e a mensagem de Jesus Cristo se descortinavam na terra, dois mil anos atrás, tornava-se claro que a chegada do reino de Deus e a chegada de Jesus eram a mesma coisa. Você pode ver como o evangelho foi resumido desta maneira em Atos 8.12: "Quando, porém, deram crédito a Filipe, que os *evangelizava* [εὐαγγελιζομένῳ] *a respeito do reino de Deus e do nome de Jesus Cristo*, iam sendo batizados, assim homens como mulheres". A razão por que a chegada do reino de Deus e a vinda de Jesus eram a mesma coisa é o fato de que Jesus era o tão esperado "Filho de Davi". Ele era o Rei prometido. O evangelho é a boa-nova de que o prometido Rei de Israel chegara. Por isso, Paulo iniciou sua carta aos Romanos com esta descrição do evangelho. É *"o evangelho* [εὐαγγέλιον] *de Deus, o qual foi por Deus, outrora, prometido por intermédio dos seus profetas nas Sagradas Escrituras, com respeito a seu Filho, o qual, segundo a carne, veio da descendência de Davi"* (Rm 1.1-3).

Quando os anjos anunciaram a chegada de Jesus, no primeiro Natal, eles juntaram todas essas verdades. Isto era o evangelho. Era a chegada do Rei soberano, o Senhor. Era a chegada do Messias prometido (isto é o que significa a palavra "Cristo"), o Filho de Davi. E, com este poder divino e esta linhagem real, o Senhor Jesus Cristo, se tornaria o Salvador. "O anjo, porém, lhes disse: Não temais; eis aqui *vos trago boa-nova* [εὐαγγελίζομαι] de grande alegria, que o será para todo o povo: é que hoje vos nasceu, na cidade de Davi, *o Salvador, que é Cristo, o Senhor*" (Lc 2.10,11). A boa-nova é que o Rei do universo (o Senhor), o Messias (Cristo), veio para ser o Salvador.

CRISTO MORREU PELOS NOSSOS PECADOS SEGUNDO AS ESCRITURAS

De que maneira Jesus, o Messias, o Senhor do céu, se tornou o Salvador? Ele nos diz com clareza: "O próprio Filho do Homem não veio para ser servido, mas para servir e dar a sua vida em resgate por muitos" (Mc 10.45). Ele morreria a fim de pagar o resgate, de modo que muitos outros não tivessem de perecer. De modo semelhante, na Última Ceia, Ele disse: "Este é o cálice da nova aliança no meu sangue derramado em favor de vós" (Lc 22.20). Em outras palavras, quando Ele derramou o seu sangue, foi em favor de outros e alcançou a "nova aliança", há muito prometida, que garantia: "Perdoarei as suas iniquidades e dos seus pecados jamais me lembrarei" (Jr 31.34). Jesus deixou isso bastante claro.

Mas foi o apóstolo Paulo que tornou explícita a ligação entre a palavra *evangelho* e a morte de Jesus por nossos pecados. "Irmãos, venho lembrar-vos o *evangelho* [εὐαγγέλιον] que vos anunciei [εὐαγγελισόμην]... Antes de tudo, vos entreguei o que também recebi: *que Cristo morreu pelos nossos pecados, segundo as Escrituras*" (1 Co 15.1-3). A vinda do Rei, o Senhor, o Messias, foi a vinda do Salvador porque Ele morreu para levar os nossos pecados, não os seus próprios (visto que não tinha pecado —

Hb 4.15). A morte de Jesus foi um resgate por nós, que não podíamos pagar por nós mesmos.³

JESUS, RESSUSCITADO DENTRE OS MORTOS, CONFORME PROCLAMADO EM MEU EVANGELHO

Não haveria evangelho, se Jesus tivesse permanecido morto. Paulo deixou isso claro como cristal em 1 Coríntios 15.17: "E, se Cristo não ressuscitou, é vã a vossa fé, e ainda permaneceis nos vossos pecados". Esta é a razão por que Paulo definiu o evangelho em 1 Coríntios 15.1, 3, 4 incluindo tanto a morte como a ressurreição de Jesus: "Irmãos, venho lembrar-vos *o evangelho* [εὐαγγέλιον]... que Cristo morreu pelos nossos pecados, segundo as Escrituras, e que foi sepultado *e ressuscitou ao terceiro dia, segundo as Escrituras*".

O Rei não governaria sobre um povo resgatado, se não ressuscitasse dos mortos. E, se o Rei dos reis não está reinando, não há evangelho. Jesus deixou claro que ressuscitaria dos mortos,⁴ e Paulo mostrou que isto era uma parte essencial do evangelho: "Lembra-te de Jesus Cristo, *ressuscitado de entre os mortos*, descendente de Davi, segundo o *meu evangelho* [εὐαγγέλιον]" (2 Tm 2.8).⁵ Portanto, o Deus vivo, o Criador, o Rei do universo, veio

---

3 Salmos 49.7, 8, 15 diz: "Ao irmão, verdadeiramente, ninguém o pode remir, nem pagar por ele a Deus o seu resgate (Pois a redenção da alma deles é caríssima, e cessará a tentativa para sempre.)... Mas Deus remirá a minha alma do poder da morte, pois ele me tomará para si".

4 Ver Mateus 12.40: "Porque assim como esteve Jonas três dias e três noites no ventre do grande peixe, assim o Filho do Homem estará três dias e três noites no coração da terra". Ver também Marcos 8.31: "Então, começou ele a ensinar-lhes que era necessário que o Filho do Homem sofresse muitas coisas, fosse rejeitado pelos anciãos, pelos principais sacerdotes e pelos escribas, fosse morto e que, depois de três dias, ressuscitasse". Ver também Marcos 9.31; 10.34 e João 2.19: "Jesus lhes respondeu: Destruí este santuário, e em três dias o reconstruirei".

5 Ver também Atos 13.32-33: "Nós vos anunciamos o evangelho [εὐαγγελιζόμεθα] da promessa feita a nossos pais, como Deus a cumpriu plenamente a nós, seus filhos, *ressuscitando a Jesus*". A definição do evangelho dada por Paulo em Romanos 1.1-4 in-

ao mundo na pessoa de seu Filho, Jesus, o Messias, e morreu pelos nossos pecados, e ressuscitou dos mortos. Tudo isto é o evangelho. Todavia, há algo mais.

O EVANGELHO NÃO É BOAS-NOVAS SEM A PROMESSA DO ESPÍRITO

Quando João Batista pregou o evangelho, o aspecto que ele enfatizou foi que o Poderoso, ou seja, Jesus, que viria após ele, não batizaria com água, mas com o Espírito Santo e com fogo. João Batista disse: "Eu, na verdade, vos batizo com água, mas vem o que é mais poderoso do que eu, do qual não sou digno de desatar-lhe as correias das sandálias; *ele vos batizará com o Espírito Santo e com fogo*". Em seguida, para mostrar que isso era parte do evangelho Lucas disse: "Assim, pois, com muitas outras exortações *anunciava o evangelho* [εὐηγγελίζετο] ao povo" (Lc 3.16, 18). A palavra "outras" transmite a idéia de que as declarações anteriores faziam parte das boas-novas, e há, também, "outras" coisas a dizer a este respeito.

Quando Jesus foi ressuscitado e voltou ao céu, não deixou seus discípulos sem a sua presença e poder — sua comunhão e auxílio. Ele disse aos seus discípulos: "O Espírito da verdade, que o mundo não pode receber, porque não no vê, nem o conhece; vós o conheceis, porque ele habita convosco e estará em vós. Não vos deixarei órfãos, voltarei para vós outros" (Jo 14.17, 18). Em outras palavras, quando o Espírito vier, ele será o Espírito de Cristo. O Espírito será para nós a presença e o poder do próprio Cristo.

clui a ressurreição: "...evangelho [εὐαγγέλιον] de Deus, o qual foi por Deus, outrora, prometido por intermédio dos seus profetas nas Sagradas Escrituras, com respeito a seu Filho, o qual, segundo a carne, veio da descendência de Davi e *foi designado Filho de Deus com poder, segundo o espírito de santidade pela ressurreição dos mortos*, a saber, Jesus Cristo, nosso Senhor".

A comunhão de Cristo, prometida no evangelho, acontece por meio da presença do Espírito em nós.

Nas últimas horas antes de ascender aos céus, Jesus confirmou as palavras do evangelho proferidas por João Batista: "Eis que envio sobre vós a promessa de meu Pai; permanecei, pois, na cidade, até que do alto sejais revestidos de poder... João, na verdade, batizou com água, mas vós sereis batizados com o Espírito Santo, não muito depois destes dias... recebereis poder, ao descer sobre vós o Espírito Santo" (Lc 24.49; At 1.5, 8). O Espírito Santo é o penhor, a garantia da plenitude de gozo que conheceremos em perfeita comunhão com o Pai e o Filho, na era vindoura (2 Co 1.22; 5.5). No final, o que torna o evangelho em boas-novas é o gozo da glória de Deus em Cristo. O Espírito Santo nos dá a experiência presente desse gozo. Por conseguinte, a promessa do Espírito, no evangelho, é o que o torna em boas-novas.

A PROMESSA DE SALVAÇÃO PARA TODOS OS QUE CRÊEM

Com base em todas essas novas — as coisas que Deus já fez em Cristo ainda sem qualquer efeito em nós — agora a Bíblia nos fala dos *efeitos* e das *realizações* desses eventos do evangelho chamando-os de *boas-novas*. *Salvação* é uma das palavras de significado mais abrangente para descrever as boas-novas do que Deus faz *por* nós e *em* nós. Paulo se refere ao "evangelho da vossa salvação" em Efésios 1.13. "Em quem também vós, depois que ouvistes a palavra da verdade, *o evangelho* [εὐαγγέλιον] *da vossa salvação*, tendo nele também crido, fostes selados com o Santo Espírito da promessa".

Paulo disse em Romanos 1.16: "Pois não me envergonho do *evangelho* [εὐαγγέλιον], porque é o poder de Deus para a *salvação* de todo aquele que crê, primeiro do judeu e também do grego".

Então, como devemos falar de salvação em relação ao evangelho? Devemos falar de salvação somente como o resultado do evangelho ou como parte do evangelho? O texto diz que o evangelho é o poder de Deus *para* a salvação. Portanto, alguns podem concluir que a salvação não é parte do evangelho.

Neste caso, o problema é que precisamos distinguir a *experiência* de salvação em pessoas particularmente e *a promessa* da salvação por meio do crer em Cristo. A realidade da experiência de salvação de uma pessoa não faz parte do evangelho. Mas essa experiência acontece quando a pessoa crê no evangelho, e parte do que ela crê é a promessa de que, com base na morte e ressurreição de Jesus, ela *será* salva. Assim, devemos afirmar que é a promessa de salvação que *faz parte* do evangelho, mas a *experiência* de salvação de pessoas em particular não faz parte do evangelho; é o resultado do evangelho. O que Romanos 1.16 deixa claro é que a promessa de salvação torna- se pessoalmente verdadeira para "todo aquele que crê". Por conseguinte, sim, o evangelho é as boas-novas e, por causa da morte e ressurreição de Jesus, a salvação vem aos que crêem. Por isso, o evangelho é o poder de Deus para a salvação de todo aquele que crê. A palavra *salvação*, de significado abrangente, inclui todas as promessas do evangelho, tal como a promessa de cura, ajuda para os pobres, liberdade para os cativos, paz, vida eterna, expansão global e a todo-satisfatória visão da glória de Deus.

AQUILO QUE A CRUZ COMPROU TORNA A CRUZ EM BOAS-NOVAS

Quando Jesus curava enfermos, expulsava demônios, ressuscitava mortos e socorria os pobres, estava demonstrando o que tornava "o evangelho do reino" em boas-novas. "Percorria Jesus toda a Galiléia, ensinando nas sinagogas, *pregando o evangelho* [εὐαγγέλιον] *do reino e curando toda sorte de doenças* e enfermidades entre o povo" (Mt 4.23). Quando começou seu ministério em Nazaré, Jesus disse: "O Espírito do Senhor está sobre mim, pelo que me ungiu para evangelizar [εὐαγγελίσασθαι] os pobres; *enviou-me para proclamar libertação aos cativos e restauração da vista aos cegos, para pôr em liberdade os oprimidos*" (Lc 4.18). Estes são os tipos de bênçãos que caracterizam, parcialmente, o reino de Deus nesta época, e o caracterizarão de modo pleno na era vindoura.

O que o progresso da revelação mostra, conforme revela o Novo Testamento, é que a morte e a ressurreição de Cristo, para perdoar os nossos pecados, é o fundamento de todas estas bênçãos que o evangelho do reino anuncia. O Rei tem de morrer, antes de reinar. Do contrário, a justiça de seu reino traria apenas juízo e não salvação. Assim, todas as bênçãos do reino, demonstradas no evangelho tinham de ser compradas pelo sangue de Cristo. Por essa razão, a cruz tinha de ser o centro e o fundamento do evangelho e por isso as bênçãos do evangelho deveriam ser chamadas de evangelho apenas em relação à cruz.

A BOA-NOVA DA PAZ COM DEUS E COM OS OUTROS

Além de cura, socorro aos pobres e liberdade para os cativos, proclamados por Jesus como boas-novas, Paulo e Pedro falaram de paz com Deus, de vida eterna, e de expansão global como partes do que constitui as boas-novas. Por exemplo, Pedro descreveu o evangelho que Deus enviou por meio de Jesus como "a palavra que Deus enviou aos filhos de Israel, *anunciando-lhes o evangelho* [εὐαγγελιζόμενος] *da paz*, por meio de Jesus Cristo" (At 10.36). E Paulo falou sobre calçarmos os pés com "a preparação do *evan-*

gelho [εὐαγγελίου] *da paz"* (Ef 6.15). Esta paz que o evangelho promete e cria é, primeiramente, entre o homem e Deus (Rm 5.10; 2 Co 5.18), e, em segunda instância, entre as pessoas. Quando grupos étnicos diferentes compartilham a mesma reconciliação vertical, isso produz uma reconciliação horizontal (Ef 2.14-18).

AS BOAS-NOVAS PROMETEM VIDA ETERNA

O efeito desta paz com Deus é a vida eterna. Isto também é o que torna o evangelho de Cristo em boas-novas. Paulo disse em 2 Timóteo 1.10: "E [a graça de Deus] manifestada, agora, pelo aparecimento de nosso Salvador Cristo Jesus, o qual não só destruiu a morte, como *trouxe à luz a vida e a imortalidade, mediante o evangelho* [εὐαγγελίου]". O evangelho mostra com clareza que Deus trouxe, literalmente, "vida e incorruptibilidade", com a morte e a ressurreição de Jesus. William Mounce diz que *"incorruptibilidade* [ἀφθαρσίαν], quando conectada com ζωή — *vida*, é sinônimo de vida eterna".[6] Penso que ele está certo. A razão por que o evangelho traz a vida eterna à luz é que ele revela com muita clareza *o que* torna possível a vida eterna (a morte e a ressurreição de Cristo) e o *que* será a vida eterna (vida com o Cristo ressuscitado).

"EM TI SERÃO BENDITAS TODAS AS NAÇÕES"

As boas-novas de tudo o que Cristo realizou quando morreu e ressuscitou inclui todos os povos da terra. Isto não é apenas um comentário a respeito da grande abrangência das boas-novas. Isto é parte do que torna boas as boas-novas. O evangelho do reino não seria boas-novas, se o Rei não governasse entre todos os povos. Paulo identificou explicitamente o abençoar as nações

---

6 William Mounce, *Pastoral Epistles, Word Biblical Commentary*, Vol. 46 (Nashville: Thomas Nelson, 2000), p. 485.

como parte do evangelho. Por exemplo, em Gálatas 3.8, ele disse: "Ora, tendo a Escritura previsto que Deus justificaria pela fé os gentios, *preanunciou o evangelho* [προευηγγελίσατο] *a Abraão: Em ti, serão abençoados todos os povos*" (Gl 3.8). Pregar o evangelho significa anunciar as boas-novas de que todas as nações serão abençoadas por meio de Abraão — ou seja, por meio da morte e da ressurreição do descendente de Abraão, Jesus Cristo (Gl 3.16).

A mensagem do evangelho inclui a verdade de que "*os gentios são co-herdeiros*, membros do mesmo corpo e co-participantes da promessa em Cristo Jesus *por meio do evangelho* [εὐαγγελίου]" (Ef 3.6). O fato de que a salvação das nações acontece "por meio do evangelho" não implica que o evangelho seja definido sem a promessa dessa salvação. Implica que a promessa da salvação global dos gentios, com base na morte e na ressurreição de Jesus, é o meio de realizar essa salvação. A salvação *atual* das nações ocorre por meio da *promessa* de salvação dos gentios comprada por sangue, feita no evangelho. Se o evangelho fosse limitado, não seria o evangelho.

O EVANGELHO DA GRAÇA DE DEUS

O evangelho contém as novas de seu próprio fundamento. O fundamento de todas as boas-novas é a graça de Deus. Esta é razão por que Paulo chama a sua mensagem de "o evangelho da graça de Deus". Um de seus testemunhos mais comoventes encontra-se nestas exatas palavras de Atos 20.24: "Porém em nada considero a vida preciosa para mim mesmo, contanto que complete a minha carreira e o ministério que recebi do Senhor Jesus para testemunhar *o evangelho* [εὐαγγέλιον] *da graça de Deus*". Mais do que uma vez, o evangelho é chamado de "a palavra da sua graça" (At 14.3; 20.32). O evangelho é as boas-novas daquilo que a graça de Deus promete a pecadores e como Ele o realiza por meio de Cristo.

A graça é a bênção imerecida de Deus que flui do coração dele a pecadores culpados e imerecedores. Por conseguinte, em relação à nossa salvação, a graça é o oposto da iniciativa ou mérito humano. Eis o que Paulo estava dizendo com sua declaração fundamental: "Já não é pelas obras; do contrário, a graça já não é graça" (Rm 11.6). Paulo se referiu à nossa eleição com estas palavras: "Sobrevive um remanescente segundo *a eleição* da graça" (Rm 11.5). Antes que tivéssemos feito qualquer coisa boa ou má, Deus nos escolheu em Cristo. A espontaneidade da graça é enfatizada porque sua origem deu-se na eternidade, quando fomos eleitos: "Assim como nos escolheu, nele, *antes da fundação do mundo*... para louvor da glória de sua *graça*" (Ef 1.4, 6). A graça de Deus é o fundamento de todas as bênçãos do evangelho.

A MORTE DE JESUS TORNA JUSTO O EVANGELHO DA GRAÇA DE DEUS

O ato decisivo da graça de Deus foi o acontecimento central do evangelho, a vinda e o sofrimento de Cristo. "Pois conheceis *a graça de nosso Senhor Jesus Cristo*, que, sendo rico, se fez pobre por amor de vós, para que, pela sua pobreza, vos tornásseis ricos" (2 Co 8.9). Jesus sofreu e morreu "para que, *pela graça de Deus*, provasse a morte por todo homem" (Hb 2.9). A morte de Jesus, em nosso lugar, foi o ato da graça de Deus que tornou justos, aos olhos de Deus, todos os atos da graça. Não é óbvio que absolver o culpado é uma coisa justa a ser feita por um juiz ("O que justifica o perverso e o que condena o justo abomináveis são para o SENHOR" — Pv 17.15). Visto que Deus é justo, bem como gracioso, Ele enviou Cristo para sofrer a justa punição do pecado, para que pudesse manifestar a justiça de Deus, "tendo em vista a manifestação da sua justiça no tempo presente, para ele mesmo ser justo e o justificador daquele que tem fé em Jesus" (Rm 3.26). Portanto, Deus é justo em ser gracioso no evangelho.

A GRAÇA DO EVANGELHO É O ALICERCE DE TODA BOA PROMESSA

Deste ato central da graça de Deus flui um poderoso rio de bênçãos graciosas do evangelho. A chamada de Deus que nos despertou de nosso sono de morte encharcado de pecado deve-se à graça de Deus. Deus "nos *chamou* com santa vocação; não segundo as nossas obras, mas conforme a sua própria determinação e *graça*" (2 Tm 1.9). Respondemos com fé não porque nossa vontade era submissa por natureza. Pelo contrário, nós cremos porque a graça de Deus nos capacitou a crer. "*Pela graça sois salvos*, mediante a fé; e isto não vem de vós; é dom de Deus" (Ef 2.8). "Transbordou, porém, *a graça* de nosso Senhor com a fé e o amor que há em Cristo Jesus" (1 Tm 1.14). Lucas nos informa que Apolo, quando trabalhou na Acaia, "auxiliou muito aqueles que, *mediante a graça*, haviam crido" (At 18.27). O fato de que qualquer um de nós tem crido deve-se tão-somente à poderosa obra da graça de Deus — a graça tornou possível por meio do sangue de Cristo. E esta graça comprada com sangue é essencial ao que torna boas as boas-novas.

Na presença deste gracioso dom da fé, Deus nos *justifica* "por sua graça" (Rm 3.24; Tt 3.7), *perdoa* nossas transgressões, "segundo a riqueza da sua graça" (Ef 1.7), nos *salva* "pela graça do Senhor Jesus" (At 15.11), nos *faz* "abundar em toda graça", para "*toda boa obra*" (2 Co 9.8), faz com que sua graça seja suficiente para todas as nossas *aflições* (2 Co 12.9), "pela graça de Deus" nos capacita a *trabalharmos muito mais* do que imaginávamos que conseguiríamos (1 Co 15.10), nos outorga "graça para *socorro* em ocasião oportuna" (Hb 4.16) e nos dá "eterna *consolação e boa esperança*, pela graça" (2 Ts 2.16), "a fim de que o nome de nosso Senhor *Jesus seja glorificado* em vós, e *vós, nele*, segundo a graça do nosso Deus e do Senhor Jesus Cristo" (2 Ts 1.12).

Em outras palavras, todas as bênçãos que vêm a pecadores redimidos são concedidas com base e pelo poder da graça de Deus. Por graça, Deus enviou seu Filho para morrer e, por meio de sua morte, possuímos todas as coisas necessárias para que tenhamos uma vida eternamente feliz em Deus. "Aquele que não poupou o seu próprio Filho, antes, por todos nós o entregou, porventura, não nos dará graciosamente com ele todas as coisas?" (Rm 8.32.) O evangelho é as boas-novas de que Deus não poupou a Cristo e, por isso, não poupará qualquer esforço onipotente para nos dar tudo que é bom para nós.

NENHUMA DÁDIVA DO EVANGELHO É BOA SEM O BEM SUPREMO E FINAL DO EVANGELHO: DEUS

Agora temos de enfatizar o principal argumento deste livro. Este argumento é que os eventos preciosos do evangelho e as bênçãos do evangelho que esbocei neste capítulo não são suficientes para tornar boas as boas-novas. Ainda não foi mencionado o que torna o evangelho, final e supremamente, em boas-novas. Tivemos um vislumbre disso na parte em que falei sobre o Espírito Santo:

> Quando o Espírito vier, ele será o Espírito de Cristo. O Espírito será para nós a presença e o poder do próprio Cristo. A comunhão de Cristo, prometida no evangelho, acontece por meio da presença do Espírito em nós... No final, o que torna o evangelho em boas-novas é o gozo da glória de Deus em Cristo. O Espírito Santo nos dá a experiência

presente desse gozo. Por conseguinte, a promessa do Espírito, no evangelho, é o que o torna em boas-novas.

Tivemos outro breve vislumbre quando observei que o evangelho nos dá "boa *esperança*, pela graça" (2 Ts 2.16), a fim de que, conseqüentemente, "o nome de nosso Senhor Jesus seja glorificado em vós, e vós, nele, segundo a graça do nosso Deus e do Senhor Jesus Cristo" (2 Ts 1.12).

No entanto, a maior parte das boas coisas mencionadas neste capítulo, como partes essenciais do evangelho, não são o bem final do evangelho e não seriam realmente boas para nós, se o supremo bem, que ainda não abordamos, não fosse visto e aceito. Esse supremo bem é o próprio Deus, visto e experimentado em toda a sua glória. Focalizar as facetas do diamante e não ver toda a sua beleza é aviltante para o diamante. Se os ouvintes do evangelho não vêem a glória de Cristo, a imagem de Deus, em todos os acontecimentos e dons do evangelho, eles não vêem o que realmente torna boas as boas-novas. Se você aceita tudo o que mencionei, neste capítulo, a respeito das facetas do evangelho, mas o faz de uma maneira que não torna a glória de Deus, em Cristo, o seu supremo tesouro, então, você não aceitou o evangelho.

Enquanto os *acontecimentos* da Sexta-Feira da Paixão e da Páscoa, bem como as *promessas* de justificação e vida eterna não o levarem a enxergar e a aceitar a Deus *mesmo* como seu maior gozo, você não terá abraçado o evangelho. Você aceitou alguns dos dons e tem se regozijado em algumas das recompensas de Deus. Tem se maravilhado com alguns milagres de Deus, mas não foi ainda despertado para o motivo pelo qual os dons, as recompensas e os milagres lhe foram dados. Eles lhe foram dados por uma razão sublime: para que você contemple, para sempre, a glória de Deus em Cristo e, ao contemplar esta glória, torne-se o tipo de pessoa que se deleita em Deus acima de todas as coisas; e, ao se deleitar deste modo, manifeste a suprema beleza e o valor de Deus, com esplendor e alegria sempre crescentes, eternamente.

Isto nos leva a falar, no próximo capítulo, a respeito do objetivo final do evangelho — o *bem* essencial que as *boas-novas* oferecem. Já o mencionei; agora, porém, tenho de mostrá-lo com base nas Escrituras.

Tu, ó Sião, que anuncias boas-novas,
sobe a um monte alto! Tu, que anuncias boas-novas a Jerusalém,
ergue a tua voz fortemente; levanta-a, não temas e dize
às cidades de Judá: Eis aí está o vosso Deus!
ISAÍAS 40.9

/ 3

O EVANGELHO — "EIS AÍ ESTÁ O VOSSO DEUS"

No último capítulo, esclarecemos o mais amplo significado bíblico do evangelho cristão. Este significado incluiu a existência do Deus vivo e sua vinda à História, com autoridade imperial sobre todas as coisas, como o Rei de Israel esperado por muito tempo e Senhor do universo. Este Rei é Jesus Cristo, o Messias, o Salvador. Ele cumpriu as expectativas do Antigo Testamento concernentes ao Filho de Davi, morreu por nossos pecados, foi sepultado e ressuscitou triunfantemente, vencendo a Satanás, a morte e o inferno. Ele prometeu seu próprio Espírito para estar conosco e nos assistir. Com base na morte e ressurreição de Cristo, o evangelho promete uma grande salvação — cura eventual de enfermidades, livramento de opressão, paz com Deus e com outros crentes, justificação pela fé sem as obras da Lei, perdão dos pecados, transformação à imagem de Cristo, vida eterna e inclusão global de pessoas de todas as nações nesta salvação.

CRISTO SOFREU PARA NOS TRAZER DE VOLTA À COMUNHÃO COM DEUS

Ficou estabelecido que o argumento de que o bem supremo e final do evangelho não está incluído no conjunto de dádivas do evangelho. Minha responsabilidade neste livro é deixar tão claro quanto possível que os ministros do evangelho podem pregar sobre estes grandes aspectos do evangelho e jamais levar as pessoas ao objetivo do evangelho. Os pregadores podem afirmar dezenas de coisas maravilhosas e verdadeiras a respeito do evangelho e deixar de levar as pessoas até o objetivo do evangelho. As pessoas podem ouvir a pregação do evangelho ou lê-lo em suas Bíblias e não perceberem o alvo final do evangelho que faz com que as boas-novas sejam realmente boas.

O que torna boas-novas todos os acontecimentos da Sexta-Feira da Paixão e da Páscoa, bem como todas as promessas que tais acontecimentos nos asseguram, é o fato de que eles nos levam a Deus. "Cristo morreu, uma única vez, pelos pecados, o justo pelos injustos, *para conduzir-vos a Deus*" (1 Pe 3.18). E, quando chegarmos no céu, será Deus mesmo quem satisfará nossa alma para sempre. Todas as outras coisas do evangelho têm o propósito de revelar a glória de Deus e remover cada obstáculo nele (tal como a sua ira) e em nós (a nossa rebeldia), de modo que possamos desfrutá-Lo para sempre. Deus é o evangelho — ou seja, Ele é o que torna boas as boas-novas. Além dele mesmo, nada pode tornar o evangelho em boas-novas. Deus é o dom sublime e final que torna boas as boas-novas. Enquanto as pessoas não usarem o evangelho como instrumento para chegarem a Deus, estarão usando-o de maneira errada.

A JUSTIFICAÇÃO LIDA COM O NOSSO MAIOR PROBLEMA

Antes de apresentarmos a sustentação bíblica desta afirmativa, quero tentar demonstrar como mesmo as melhores faces do diamante do evangelho são capazes de prender nossa atenção, de tal modo que não vejamos a glória de Deus refletida em todo o diamante.

Por exemplo, considere a justificação. Para mim, poucos aspectos do evangelho são mais preciosos que este. Escrevi um livro inteiro para mostrar por que esta doutrina é o âmago do evangelho e por que ela inclui a imputação da justiça de Cristo em nós, mediante a fé, sem as obras da Lei.[1] Não defenderei esta doutrina aqui, apenas citarei algumas vozes experientes. G.C. Berkouwer escreveu: "A confissão da justificação divina atinge a vida do homem em seu coração no ponto de seu relacionamento com Deus. O ato de confessar a justificação como obra de Deus define a pregação da Igreja, a existência e o progresso da vida de fé, a raiz da segurança humana e a perspectiva do homem para o futuro".[2]

A necessidade mais fundamental do homem, à qual o evangelho se destina, é alcançada pelo dom da justificação. Não estamos ape- nas alienados de Deus, estamos também debaixo de sua ira (Jo 3.36; Rm 1.18, 5.9; Gl 3.10). Isto significa que aquilo que, fundamental- mente, precisa mudar é a ira de Deus contra nós, devido ao nosso pecado que desonra a Ele (Rm 3.23). Somos incapazes de mudar a Deus. Não podemos pagar nossa própria dívida. "Ao irmão, verda- deiramente, ninguém o pode remir, nem pagar por ele a Deus o seu resgate" (Sl 49.7). Por isso, em sua grande misericórdia, Deus inter- veio, oferecendo Cristo como propiciação da ira de Deus (Rm 3.25). Cristo absorveu a maldição que merecíamos (Gl 3.13). "Carregando ele mesmo em seu corpo, sobre o madeiro, os nossos pecados" (1 Pe 2.24).

A GRANDE TROCA

Não somente os nossos pecados foram contados como sendo os pecados de Cristo, como também a justiça dele é considerada nossa. Isto tem sido chamado de "a grande troca". Por exemplo, J. I. Packer escreveu: "O Juiz declara que os pecadores culpados estão

---

[1] John Piper, *Counted Righteous in Christ: Should We Abandon the Imputation of Christ's Righteousness?* (Wheathon, Illinois: Crossway Books, 2002).
[2] G. C. Berkouwer, *Faith and Justification* (Grand Rapids, Michigan: Eerdmans, 1954), p. 17.

isentos de punição e são justos aos olhos dele. A grande troca não é uma ficção jurídica, um fingimento arbitrário, um simples jogo de palavras da parte de Deus, e sim uma realização de alto custo".[3] A afirmação bíblica da "grande troca" é 2 Coríntios 5.21: "Aquele que não conheceu pecado, ele o fez pecado por nós; para que, nele, fôssemos feitos justiça de Deus".

Assim, a justificação tem dois lados: a remoção do pecado, porque Cristo levou nossa maldição, e a imputação da justiça, porque estamos em Cristo, e a justiça dele é considerada nossa.[4] Calvino definiu a justificação como "a aceitação com a qual Deus nos recebe em seu favor, como homens justos. E dizemos que a justificação consiste da remissão de nossos pecados e da imputação da justiça de Cristo".[5] De modo semelhante, Lutero (que chamou a doutrina da justificação de "a crença que determina se uma igreja fica de pé ou cai")[6] afirmou estes dois aspectos da justificação: "Cristo tomou sobre si todo o nosso pecado, morrendo por eles na cruz", e: "eles são justos porque crêem em Cristo, cuja justiça os cobre, sendo imputada a eles".[7]

A JUSTIFICAÇÃO É O CENTRO DO EVANGELHO E NÃO O SEU MAIOR BEM

Por isso, os protestantes tem visto a doutrina da justificação (somente pela graça, mediante a fé, tendo como base unicamente o

---

3 J. I. Packer, "Justification in Protestant Theology", em *Honoring the People of God, the Collected Shorter Writings of J. I. Packer*, 4 vols. (Carlisle, Cumbria, UK: Patenoster, 1999), 4:227. Ênfase acrescentada.
4 Defender esta afirmação era o principal objetivo do livro citado na nota 1 (John Piper, *Counted Righteous in Christ*).
5 João Calvino, *Institutes of the Christian Religion*, 2 vols. Ed. John T. McNeill, tradução de Ford Lewis Battles. Filadélfia: Westminster Press, 1960. 1:727 (III. 11.2).
6 Citado em Packer, "Justification in Protestant Theology", p. 19.
7 Citado em *ibid.*, pp. 225-226.

sangue e a justiça de Cristo, para a glória somente de Deus, conforme ensinada com autoridade final nas Escrituras) como "o âmago do evangelho bíblico".[8] Concordo com este discernimento. Fico comovido ao chamar a justificação de o âmago do evangelho. Mas, a linguagem figurada (como "âmago", "centro") é ambígua. O que significa esta afirmação? Ao usar a palavra "âmago" pretendo dizer que a justificação atinge mais diretamente o principal problema entre Deus e o homem (leia os parágrafos anteriores) e se torna a fonte sustentadora de todos os outros benefícios do evangelho.

Isso produz um interesse especial ao assunto-chave deste livro: Por que a justificação é boas-novas? O que há de bom em ser justificado somente pela fé? Ou, de maneira mais abrangente, por que o evangelho, que tem a justificação pela fé em seu âmago, é boas-novas? Esta pergunta raramente é feita, porque ser perdoado de nossos pecados, ser declarado inocente de crimes capitais, na corte divina, e ser reputado justo diante de um Deus santo é uma situação tão evidentemente bem-aventurada, que parece inoportuno perguntarmos: Por que a justificação é boas-novas?

Creio que devemos fazer de maneira enfática esta pergunta, visto que a sua resposta é infinitamente importante. Cada pessoa deveria ter a obrigação de responder esta pergunta: "Por que saber que seus pecados estão perdoados é boas-novas para você?" "Por que é boas- novas para você saber que permanece justo na corte do Juiz do universo?" A razão por que temos de fazer tais perguntas é que existem muitas respostas aparentemente bíblicas que ignoram por completo o dom de Deus, Ele mesmo. Uma pessoa pode

---

8 "O âmago do evangelho bíblico era [para os reformadores] o dom gratuito da justiça e da justificação, da parte de Deus. Este dom era a totalidade e a substância daquele *sola fide* —*sola gratia*—*solo Cristo*— *sola Scriptura*—*soli Deo gloria* que era o tema que sustentava a proclamação, as polêmicas, as orações e os louvores deles." Ibid., p. 219.

responder: "Ser perdoado é boas-novas, porque eu não quero ir para o inferno". Outra pode dizer: "Ser perdoado é boas-novas, porque uma consciência culpada é algo horrível, e encontro muito alívio em pensar que meus pecados estão perdoados". Outra talvez responda: "Quero ir para o céu". Mas temos de perguntar *por que* as pessoas querem ir para o céu. Talvez respondam: "Porque o alternativo é doloroso". Ou: "Porque a minha esposa está lá". Ou: "Porque haverá um novo céu e uma nova terra, nos quais a justiça e a beleza finalmente estarão em todos os lugares".

O que está errado nestas respostas? É verdade que ninguém quer ir para o inferno. O perdão realmente proporciona alívio a uma consciência culpada. No céu, seremos restaurados à comunhão com os queridos que morreram em Cristo, escaparemos do sofrimento do inferno e desfrutaremos da justiça e da beleza da nova terra. Tudo isso é verdade. Então, o que está errado nessas respostas? O que está errado nelas é que não consideram a Deus como o bem final e mais sublime do evangelho. Não expressam o supremo desejo de estar com Deus, que sequer é mencionado. Somente as dádivas foram citadas. Estas dádivas são preciosas. Mas não são o próprio Deus. E tais dádivas não são o evangelho, se Deus mesmo não é amado como a suprema dádiva do evangelho. Ou seja, se Deus não é considerado a dádiva essencial do evangelho, nenhuma de suas dádivas será o evangelho, as boas-novas. E, se Deus é estimado como o dom supremamente valioso do evangelho, todas as outras dádivas também serão desfrutadas como valiosas.

A justificação não é um fim em si mesma, nem o perdão dos pecados, nem a imputação da justiça, nem o livramento do inferno, nem a entrada no céu, nem a cura de enfermidades, nem o ser livre de escravidão, nem a vida eterna, nem a justiça, nem a misericórdia, nem as belezas de um mundo sem sofrimentos. Nenhuma destas faces do diamante do evangelho é o bem primordial e o mais sublime alvo do evangelho. Somente uma coisa é o alvo: ver e experimentar a Deus mesmo, sendo mudados à imagem de seu Filho, de modo que, cada vez mais, nos deleitemos e manifestemos a infinita beleza e dignidade de Deus.[9]

POR QUE EU QUERO SER PERDOADO?

Considere uma ilustração a respeito do que estou procurando dizer. Suponha que eu me levante pela manhã e, enquanto caminho em direção ao banheiro, tropeço na cesta de roupas sujas que minha esposa havia deixado ali para levar à máquina de lavar no dia seguinte. Em vez de eu mesmo remover a cesta gentilmente e pensar o melhor a respeito de minha esposa, reajo de um modo completamente desproporcional à situação e lhe digo algo bastante grosseiro, quando ela ainda está acordando. Ela se levanta, pega a cesta de roupa e desce a escada adiante de mim. Posso dizer pelo silêncio e por minha própria consciência que nosso relacionamento entrou em séria dificuldade.

Enquanto desço, a consciência me acusa. Sim, a cesta não deveria estar naquele lugar. Sim, eu poderia ter quebrado o pescoço. Contudo, esses pensamentos são principalmente argumentos carnais autodefensivos. A verdade é que minhas palavras foram incoerentes. A dureza emocional não somente fora desproporcional à seriedade da falha como também a Bíblia me ensina a não atentar para o erro. "Por que não sofreis, antes, a injustiça? Por que não sofreis, antes, o dano?" (1 Co 6.7)

Por isso, quando entro na cozinha, há um clima de frieza, e minha esposa está de costas para mim, trabalhando no balcão da

---

[9] Ver Capítulo 11 quanto à explicação da relação entre o alvo de ver a Deus e o alvo de ser semelhante a Deus.

cozinha. O que precisa acontecer ali? A resposta é evidente: preciso desculpar-me e pedir perdão. Isto seria o correto a fazer. Mas, eis a analogia: por que eu quero o perdão de minha esposa? Para que ela faça o meu café da manhã favorito? Para que meus sentimentos de culpa desapareçam e eu consiga me concentrar no trabalho hoje? Para que tenhamos uma boa relação sexual nesta noite? Para que nossos filhos não nos vejam em desarmonia? Para que ela finalmente admita que a cesta de roupa suja estava no lugar errado?

Talvez cada um desses desejos seja verdadeiro. Mas são todos motivos fracos para eu obter o perdão de minha esposa. O que está faltando é isto: eu quero ser perdoado para que tenha de volta a agradável comunhão com minha esposa. Ela é a razão por que eu desejo ser perdoado. Quero o relacionamento restaurado. O perdão é apenas um meio de remover os obstáculos, de modo que possamos olhar novamente um para o outro, com alegria.

VOCÊ SERIA FELIZ NO CÉU, SE DEUS NÃO ESTIVESSE LÁ?

Meu argumento neste livro é que todos os eventos salvíficos e todas as bênçãos do evangelho são meios de remover os obstáculos para que conheçamos a Deus e desfrutemos mais plenamente dele. Propiciação, redenção, perdão, imputação, santificação, libertação, cura, céu — nenhuma destas coisas é boa-nova exceto por uma única razão: elas nos trazem a Deus, para nosso eterno desfrute dele. Se cremos que todas estas coisas nos aconteceram, mas não nos apegamos a elas a fim de nos achegarmos a Deus, elas realmente não aconteceram conosco. Cristo não morreu em favor de pecadores que prosseguem valorizando qualquer coisa além do ver e do experimentar a Deus. E as pessoas que seriam felizes no céu sem a presença de Cristo não estarão no céu. O evangelho não é uma maneira de levar as pessoas ao céu; é um meio de trazer pessoas a Deus. É um meio de vencer todos os obstáculos que se levantam contra o gozo eterno em Deus. Se não queremos a Deus acima de todas as outras coisas, não fomos convertidos pelo evangelho.

QUAL É O SUPREMO BEM QUE TORNA O EVANGELHO EM BOAS-NOVAS?

Agora precisamos nos voltar ao fundamento bíblico para esta verdade. Temos visto a ampla definição bíblica do evangelho e nos focalizado no âmago do evangelho da justificação. Agora temos de perguntar: qual é o bem final do evangelho? Qual é o objetivo do evangelho? Que bem supremo faz todos os outros aspectos do evangelho serem bons?

Para achar as respostas, primeiramente nos reportamos a uma grande declaração do Antigo Testamento sobre o evangelho, encontrada em Isaías 40.9: "Tu, ó Sião, que anuncias boas-novas [ὁ εὐαγγελιζόμενος, na Septuaginta], sobe a um monte alto! Tu, que anuncias boas-novas [ὁ εὐαγγελιζόμενος, na Septuaginta] a Jerusalém, ergue a tua voz fortemente; levanta-a, não temas e dize às cidades de Judá: *Eis aí está o vosso Deus!*

O GRANDE ANSEIO DO EVANGELHO: MOSTRA-ME A TUA GLÓRIA

O bem final que se tornou possível mediante a morte e a ressurreição de Cristo e oferecido no evangelho é: "Eis aí está o vosso Deus!" Moisés havia rogado por esse dom, enquanto instava pela presença de Deus na peregrinação à terra prometida. Moisés disse: "Rogo-te que me mostres a tua glória" (Êx 33.18). O rei Davi expressou no Salmo 27 a singularidade desta bênção

— "Uma coisa peço ao SENHOR, e a buscarei: que eu possa morar na Casa do SENHOR todos os dias da minha vida, *para contemplar a beleza do SENHOR e meditar no seu templo...* Ao meu coração me ocorre: Buscai a minha presença; buscarei, pois, SENHOR, a tua presença" (Sl 27.4, 8). A recordação dos encontros com Deus sustentou Davi em suas aflições: "Ó Deus, tu és o meu Deus forte; eu te busco ansiosamente; a minha alma tem sede de ti; meu corpo te almeja, como terra árida, exausta, sem água. Assim, *eu te contemplo no santuário, para ver a tua força e a tua glória*" (Sl 63.1-2).

Sabemos que ver a Deus é impossível em dois sentidos: *moralmente*, não somos bons o suficiente em nossa condição decaída e seríamos consumidos no fogo da santidade de Deus, se O víssemos como Ele realmente é em sua plenitude. Esta é a razão por que Deus mostrou a Moisés as suas "costas" e não a sua face — "Não me poderás ver a face, porquanto homem nenhum verá a minha face e viverá" (Êx 33.20). Então, Deus colocou Moisés na fenda de uma rocha, passou por ele e disse: "Tu me verás pelas costas; mas a minha face não se verá" (Êx 33.23).

Mas a impossibilidade de O vermos não existe apenas por causa de nossa condição moral. Existe também pelo fato de que Ele é Deus, e nós não somos. Este parece ser o significado de 1 Timóteo 6.16: "O único que possui imortalidade, que habita em luz inacessível, a quem homem algum jamais viu, nem é capaz de ver. A ele honra e poder eterno. Amém!" Seres criados não podem contemplar o Criador e vê-Lo como Ele é.[10]

---

10 Entendo as passagens bíblicas que parecem exceções a esta afirmação (como Gênesis 32.30: "Àquele lugar chamou Jacó Peniel, pois disse: Vi a Deus face a face, e a minha vida foi salva.") como declarações que concordam com Salmos 27.4, em que ver a face de Deus significa ver reflexos e evidências de seu esplendor e favor. Alguns destes reflexos de Deus são tão notáveis que as testemunhas falaram sobre o ver o próprio Deus. Mas

Portanto, a contemplação de Deus no Antigo Testamento era mediada. Havia algo entre Deus e o homem. Deus se revelou em suas obras (Sl 77.11-13), em formas visionárias (por exemplo, Ez 1.28), na natureza (Sl 19.1), nos anjos (Jz 13.21-22) e, especialmente, por meio de sua palavra — "Continuou o SENHOR a *aparecer* em Siló, enquanto *por sua palavra* o SENHOR se manifestava ali a Samuel" (1 Sm 3.21).

A GLÓRIA DO SENHOR SERÁ REVELADA — EM JESUS CRISTO

Mas estava por vir o dia em que a glória do Senhor seria revelada e vista de uma maneira diferente. Esta era a grande esperança e expectativa do Antigo Testamento — "Voz do que clama no deserto: Preparai o caminho do SENHOR; endireitai no ermo vereda a nosso Deus. Todo vale será aterrado, e nivelados, todos os montes e outeiros; o que é tortuoso será retificado, e os lugares escabrosos, aplanados. *A glória do SENHOR* se manifestará, e toda a carne a verá, pois a boca do SENHOR o disse" (Is 40.3-5). "Dispõe-te, resplandece, porque vem a tua luz, e a glória do SENHOR nasce sobre ti. Porque eis que as trevas cobrem a terra, e a escuridão, os povos; mas sobre ti aparece resplendente o SENHOR, e *a sua glória se vê sobre ti*. As nações se encaminham para a tua luz, e os reis, para o resplendor que te nasceu" (Is 60.1-3). "Venho para ajuntar todas as nações e línguas; elas virão e contemplarão a minha glória" (Is 66.18).

---

não precisamos pensar que não houve nenhum mediador. John Sailhamer comentou a respeito de Gênesis 32.30: "As palavras de Jacó não necessariamente significam que 'o homem' com quem Jacó lutou era Deus. Pelo contrário, assim como ocorre com outras declarações semelhantes (por exemplo, Juízes 13.21, 22), quando alguém via o 'anjo do SENHOR', é correto dizermos que ele tinha visto a face de Deus". *Genesis*, em *The Expositor's Bible Commentary*, 12 vols., ed. Frank A. Gaebelein (Grand Rapids, Michigan: Zondervan, 1990), 1:210.

Esse tempo despontou com a vinda de Jesus. Ele era a Palavra de Deus, verdadeiramente Deus, a manifestação da glória de Deus em forma de homem. "No princípio era o Verbo, e o Verbo estava com Deus, e o Verbo era Deus... E o Verbo se fez carne e habitou entre nós, cheio de graça e de verdade, e *vimos a sua glória*, glória como do unigênito do Pai" (Jo 1.1,14). Quando Jesus realizava suas maravilhas, a glória que as pessoas viam, se cressem, era a glória de Deus. Jesus disse a Marta, pouco antes de ressuscitar Lázaro, o irmão dela: "Não te disse eu que, se creres, *verás* a glória de Deus?" (Jo 11.40.)

DEUS SE MANIFESTOU MAIS DO QUE OS PROFETAS IMAGINARAM

A glória do Senhor surgiu no mundo com maior plenitude e maravilha do que os profetas imaginaram. Eles sabiam que o Messias viria e que manifestaria a justiça e a fidelidade de Deus de um modo nunca demonstrado antes. Mas eles não podiam ver com clareza,[11] conforme vemos agora, que em Jesus "habita, corporalmente, toda a plenitude da Divindade" (Cl 2.9), que Ele está no Pai, o Pai está nele e que os dois são um (Jo 10.30, 38). Eles teriam pasmado e ficado sem palavras, ao ouvir Jesus dizer a Filipe: "Há tanto tempo estou convosco, e não me tens conhecido? Quem me vê a mim vê o Pai; como dizes tu: Mostra-nos o Pai?" (Jo 14.9.); ou ao ouvi-Lo dizer estas simples e empolgantes palavras: "Antes que Abraão existisse, EU SOU" (Jo 8.58).

Esta é a razão por que o apóstolo Paulo chamou a Jesus de "o Cristo... o qual é sobre todos, Deus bendito para todo o sempre"

---

11 1Pedro 1.10-11 diz: "Foi a respeito desta salvação que os profetas indagaram e inquiriram, os quais profetizaram acerca da graça a vós outros destinada, investigando, atentamente, qual a ocasião ou quais as circunstâncias oportunas, indicadas pelo Espírito de Cristo, que neles estava, ao dar de antemão testemunho sobre os sofrimentos referentes a Cristo e sobre as glórias que os seguiriam".

(Rm 9.5) e por que ele descreveu a Cristo, em sua encarnação, como "subsistindo *em forma de Deus*" (Fp 2.6).[12] Mas Jesus "não julgou como usurpação *o ser igual* a Deus". Ou seja, Cristo não se apegou a todas as manifestações de sua deidade, nem intentou evitar a humilhação da encarnação. Pelo contrário, Ele se mostrou disposto a deixar de lado as manifestações visíveis da Deidade e assumiu a forma de servo, nascendo à semelhança de homem (Fp 2.6-7). Isto mostra por que Paulo descreveu a segunda vinda de Jesus como "a manifestação da glória do nosso grande Deus e Salvador Cristo Jesus" (Tt 2.13).

Este é o motivo por que encontramos, no livro de Hebreus, estas palavras impressionantes sobre o Senhor Jesus: "Mas acerca do Filho: O teu trono, ó Deus, é para todo o sempre... No princípio, Senhor, lançaste os fundamentos da terra, e os céus são obra das tuas mãos" (Hb 1.8, 10). Destas e de outras afirmações sobre Jesus, podemos concluir que finalmente chegou o tempo da revelação de Deus de um modo que ninguém jamais havia imaginado: Deus mesmo, o Filho divino, se tornaria homem. E os seres humanos veriam a glória de Deus de um modo que jamais tinham visto. A Bíblia afirma que Deus falara anteriormente por meio dos profetas, mas nestes últimos dias — desde a vinda de Jesus — Deus nos tem falado "pelo Filho, a quem constituiu herdeiro

---

12 Ser na "forma de Deus" [ἐν μορφῇ] não significa que Jesus é *somente* na "forma" de Deus e, por essa razão, não é realmente Deus. "Forma" [μορφῇ] recebe seu significado da expressão seguinte — "igual a Deus" [ἴσα θεῷ] e da contraparte humana na linguagem de Filipenses 2.7: "Assumindo a *forma* de servo, tornando-se em *seme-lhança* de homens" [μορφὴν δούλου λαβών, ἐν ὁμοιώματι ἀνθρώπων]. A linguagem paralela tem o propósito de mostrar que Cristo era verdadeiramente homem e verdadeiramente Deus. Veja um dos mais exaustivos estudos sobre esta passagem em *CARMEN CHRISTI: Philippians 2.5-11 in Recent Interpretation and the Setting of Early Christian Worship* (Cambridge, Massachusetts: Cambridge University Press, 1967), escrito por Ralph P. Martin.

de todas as coisas, pelo qual também fez o universo. *Ele, que é o resplendor da glória e a expressão exata do seu Ser*", sustenta todas as coisas pela palavra do seu poder (Hb 1.2- 3). Quando vemos a Jesus, vemos a glória de Deus como não a vemos em qualquer outra manifestação.[13]

A EXCELÊNCIA DE CRISTO QUE NEM TODOS VÊEM

Evidentemente, existiram muitas pessoas que viram a Jesus mas não viram a glória de Deus. Viram um glutão e bebedor de vinho (Mt 11.19). Viram a Belzebu, o príncipe dos demônios (Mt 10.25; 12.24), e um impostor (Mt 27.63). "Vendo, não vêem; e, ouvindo, não ouvem" (Mt 13.13). A glória de Deus, na vida e ministério de Jesus, não era a glória ofuscante que veremos quando Jesus vier, pela segunda vez, com "seu rosto" brilhante "como o sol na sua força" (Ap 1.16; Lc 9.29). A glória de Jesus, em sua primeira vinda, era um conjunto incomparavelmente extraordinário de perfeições espirituais, morais, intelectuais, verbais e práticas que se manifestavam em um tipo de ensino humilde, realizador de milagres e incontestável, bem como em atitudes humildes que separavam Jesus de todos os homens.[14]

---

13 Quando a Bíblia diz: "Os céus proclamam a glória de Deus" (Sl 19.1), isto significa fundamentalmente algo diferente do que ela diz quando fala sobre Cristo como o esplendor da glória de Deus. Em nenhuma de suas passagens, a Bíblia diz que a natureza é Deus. Mas ela afirma e mostra com freqüência que Jesus é Deus.

14 Comentando a segurança da fé exercida por Pedro, depois que este presenciou a glória visível de Cristo, no monte da transfiguração (Mt 17.1-9), e pode afirmar que "fomos testemunhas oculares da sua majestade" (2 Pe 1.16), Jonathan Edwards explica a diferença entre esta "glória visível" e a "glória espiritual" que vemos com os olhos do coração: "Se a visão da glória visível de Cristo pode dar uma certeza de sua divindade, por que não nos daria também uma compreensão de sua glória espiritual? Sem dúvida, a glória espiritual de Cristo é, em si mesma, tão distinguidora e tão claramente reveladora de sua divindade quanto a sua glória visível; e muito mais, pois sua glória espiritual é aquilo em que consiste a sua divindade. E a glória visível, na sua transfiguração, mostrou que Ele era divino, dando-nos apenas uma demonstração ou imagem da glória espiritu-

O evangelho — "eis aí está o vosso Deus"

O que estou procurando expressar é que a glória de Cristo, conforme se manifestou entre nós, consistia não apenas de um ou outro atributo, de uma ou outra ação, mas naquilo que Jonathan Edwards chamou de "uma admirável conjunção de excelências diversas".[15] Em um sermão intitulado "A Excelência de Cristo", Edwards usou como texto Apocalipse 5.5-6, onde Cristo é comparado tanto a um leão como a um cordeiro. O principal argumento de Edwards era que a glória singular de Cristo era tal, que excelências diversas (leão e cordeiro) se uniam nele. Estas excelências são tão diversas, que "nos teriam parecido completamente incompatíveis no mesmo assunto".[16]

Em outras palavras:

- Admiramos a Cristo por sua glória, porém O admiramos muito mais por sua glória estar mesclada com humildade;
- Admiramos a Cristo por sua transcendência, mas O admiramos muito mais porque sua transcendência está acompanhada por condescendência;
- Admiramos a Cristo por sua justiça inflexível, contudo, O admiramos muito mais porque sua justiça é temperada com misericórdia;

---

al. Sem dúvida, a pessoa que tem desfrutado de uma visão clara da glória espiritual de Cristo pode dizer: 'Não tenho fábulas engenhosamente inventadas, mas temos sido testemunhas oculares da majestade Cristo', com fundamentos tão bons como os do apóstolo Pedro, que demonstrou respeito para com a glória visível de Cristo, que ele mesmo vira". "A Divine and Supernatural Light", em *Sermons and Discourses 1730-1733*, em *The Works of Jonathan Edwards*, Vol. 17, ed. Mark Valeri (New Haven, Connecticut: Yale University Press, 1999), p. 419.

15 Jonathan Edwards, "The Excellency of Christ", em *Sermons and Discourses 1734-1738*, em *The Works of Jonathan Edwards*, Vol. 19, ed. M. X. Lesser (New Haven, Connecticut: Yale University Press, 2001), p. 565.

16 *Ibid.*

- Admiramos a Cristo por sua majestade, porém O admiramos muito mais porque é uma majestade vestida de humildade;
- Admiramos a Cristo por sua igualdade com Deus; todavia, O admiramos muito mais porque, mesmo sendo igual a Deus, Ele tem uma profunda reverência a Deus;
- Admiramos a Cristo porque Ele era digno de todo o bem, mas O admiramos muito mais porque isto era acompanhado por uma estupenda paciência em sofrer o mal;
- Admiramos a Cristo por seu domínio soberano sobre o mundo, contudo, O admiramos muito mais porque este domínio está vestido de um espírito de obediência e submissão;
- Admiramos a Cristo porque, com sua sabedoria, deixou perplexos os orgulhosos escribas, porém O amamos muito mais porque Ele se mostrou simples o bastante para gostar das crianças e gastar tempo com elas;
- Admiramos a Cristo porque Ele usou seu poder para acalmar a tempestade, todavia, O admiramos muito mais porque se recusou a usar tal poder para ferir os samaritanos (Lc 9.54-55), com fogo do céu, e se recusou a usar seu poder para livrar a Si mesmo, descendo da cruz.

A lista poderia continuar. No entanto, esta é suficiente para ilustrar que a beleza e excelência de Cristo não é simples; é complexa. É a união, na mesma Pessoa, de um perfeito equilíbrio e proporção de qualidades extremamente diversas. Isso é o que torna Jesus Cristo singularmente glorioso, excelente e admirável. O coração humano foi criado para permanecer em temor ante essa excelência. Fomos criados para admirar Jesus Cristo, o Filho de Deus.

VENDO, NÃO VIRAM, PORQUE AMARAM A GLÓRIA DOS HOMENS

Nem todos viram. Mesmo tendo olhos, alguns não viram. Mas, aqueles que tiveram olhos para ver, realmente viram a glória de Deus, quando Cristo esteve na terra. Jesus disse que somente aqueles que cressem poderiam ver esta glória. Por exemplo, quando Marta se inquietou com a possibilidade de seu irmão não ser ressuscitado por Jesus, Ele lhe falou: "Não te disse eu que, se creres, verás a glória de Deus? (Jo 11.40.) Alguns viram Lázaro ressuscitado dentre os mortos, mas não viram a glória de Deus.[17] "Muitos, pois, dentre os judeus que tinham vindo visitar Maria, vendo o que fizera Jesus, creram nele. *Outros, porém, foram ter com os fariseus e lhes contaram dos feitos que Jesus realizara*" (Jo 11.45-46).[18]

A glória de Cristo não é um sinônimo de simples poder. A glória dele é uma beleza divina constituída de perfeições múltiplas. Para ver isso, é necessário haver uma mudança de coração. Jesus deixou isso claro quando perguntou: "Como podeis crer, vós os que aceitais glória uns dos outros e, contudo, não procurais a glória que vem do Deus único?" (Jo 5.44.) A condição egocêntrica

---

17 "O verdadeiro significado do que Jesus fez é acessível tão- somente à fé. Todos os que ali estavam viram o milagre. Mas Jesus prometera a Marta uma visão da glória" — Leon Morris, *The Gospel According to John* (Grand Rapids, Michigan: Eerdmans, 1971), p. 560. "O que Jesus pretendia comunicar era isto: que, se Marta apenas parasse de pensar a respeito do corpo e fixasse sua atenção nele, confiando plenamente nele (seu poder e seu amor), ela veria este milagre como um verdadeiro sinal, uma ilustração e prova da glória de Deus refletida no Filho de Deus" — William Hendriksen, *The Gospel of John* (Edimburgo: Banner of Truth, 1954), p. 158.

18 "Alguém pode bondosamente esperar que o motivo de, pelo menos, algumas dessas pessoas era ganhar os fariseus para a verdade, mas o contraste apresentado entre os que creram e os que foram ter com os fariseus sugere que sua intenção era maliciosa" — D. A. Carson, *The Gospel According to John* (Grand Rapids, Michigan: Eerdmans, 1991), p. 419.

natural do coração do homem não pode crer, porque não pode ver a beleza espiritual. Não é uma incapacidade *física*, como se os homens não pudessem agir, se tivessem um desejo que os motivasse a agir. É uma incapacidade *moral*, porque os homens são tão absorvidos em seu próprio "eu", que são incapazes de ver aquilo que condena o orgulho deles e lhes traz gozo por admirarem outra Pessoa. Esta é a razão por que ver a glória de Cristo exige uma mudança espiritual profunda.

SE ALGUÉM NÃO NASCER DE NOVO NÃO PODE VER

Quando os discípulos viram realmente a glória de Cristo e creram nele, Jesus lhes disse: "Bem-aventurados, porém, os vossos olhos, porque vêem; e os vossos ouvidos, porque ouvem" (Mt 13.16). Existe uma obra especial da graça — uma bem-aventurança especial — que muda nosso coração e nos capacita a ver a glória espiritual. Quando Pedro disse a Jesus: "Tu és o Cristo, o Filho do Deus vivo", ele tinha visto a glória de Cristo e crido. A essas palavras Jesus respondeu: "Bem-aventurado és, Simão Barjonas, porque não foi carne e sangue que to revelaram, mas meu Pai, que está nos céus" (Mt 16.16-17).

Era isso que Jesus queria dizer quando falou: "Se alguém não nascer de novo, não pode ver o reino de Deus" (Jo 3.3). "O que é nascido da carne é carne; e o que é nascido do Espírito é espírito" (Jo 3.6). Quando somos nascidos de novo, pelo Espírito de Deus, nosso espírito recebe vida, e nos tornamos capazes de perceber em Cristo a beleza espiritual que autentica a sua pessoa e a sua obra.[19]

---

19 Textos adicionais que ensinam esta verdade incluem Lucas 10.22: "Tudo me foi entregue por meu Pai. Ninguém sabe quem é o Filho, se não o Pai; e também ninguém

VER A GLÓRIA DE CRISTO TEM SEUS ALTOS E BAIXOS

A capacidade espiritual de ver beleza espiritual não é inabalável. Existem altos e baixos em nossa comunhão com Cristo. Há tempos de visões obscuras, especialmente quando o pecado obtêm o controle de nossa vida por algum tempo. "Bem-aventurados os limpos de coração, porque verão a Deus" (Mt 5.8). Sim, esta não é uma realidade do tipo "tudo-ou-nada". Existem graus de pureza, assim como existem graus de visão. Somente quando formos aperfeiçoados na era por vir, nossa visão será completamente límpida. "Porque, agora, vemos como em espelho, obscuramente; então, veremos face a face. Agora, conheço em parte; então, conhecerei como também sou conhecido" (1 Co 13.12).

Foi por isso que Paulo orou desta maneira em favor dos crentes de Éfeso: "Que o Deus de nosso Senhor Jesus Cristo, o Pai da glória, vos conceda espírito de sabedoria e de revelação no pleno conheci- mento dele, *iluminados os olhos do vosso coração*, para saberdes qual é a esperança do seu chamamento, qual a riqueza da glória da sua herança nos santos e qual a suprema grandeza do seu poder para com os que cremos, segundo a eficácia da força do seu poder" (Ef 1.17-19). Observe a distinção de Paulo entre os olhos do coração e os olhos da mente. Existe um ver do coração, não apenas um ver da mente. Existe um ver espiritual, e não apenas um ver físico. E aquilo que Paulo desejava intensamente que víssemos espiritualmente era "a esperança" do nosso "chamamento", "a riqueza da glória da herança" de Deus e "a suprema grandeza do

---

sabe quem é o Pai, senão o Filho, e aquele a quem o Filho o quiser revelar". João 6.37: "Todo aquele que o Pai me dá, esse virá a mim". João 6.44: "Ninguém pode vir a mim se o Pai, que me enviou, não o trouxer". João 6.65: "Ninguém poderá vir a mim, se, pelo Pai, não lhe for concedido". Atos 13.48: "Todos os que haviam sido destinados para a vida eterna".

poder" dele. Em outras palavras, o que Paulo quer que vejamos é a realidade espiritual e o valor destas coisas, e não somente fatos concretos que os incrédulos podem ler e repetir. Ver fatos concretos não é o foco da visão espiri- tual. O ver espiritual é ver coisas espirituais como aquilo que elas realmente são — ou seja, vê-las como belas e valiosas, como elas realmente são.

A PROCLAMAÇÃO MAIS GRACIOSA E O MELHOR DOM DO EVANGELHO

O bem final do evangelho é vermos e experimentarmos o valor e a beleza de Deus. A ira de Deus e nosso pecado obstruem essa visão e esse prazer. Você não pode ver e experimentar a Deus como extre- mamente satisfatório, enquanto está em plena rebelião contra Ele, que está cheio de ira contra você. A remoção desta ira e desta rebe- lião é o objetivo do evangelho. O alvo final do evangelho é a manifestação da glória de Deus e a remoção de cada obstáculo que impede que vejamos e experimentemos esta glória como nosso te- souro mais sublime. "Eis aí está o vosso Deus" é a proclamação mais graciosa e o melhor dom do evangelho. Se não O vemos, nem O experimentamos como o nosso maior tesouro, não temos obedecido ao evangelho e crido nele. Existe uma passagem na Bíblia que torna isto ainda mais claro do que todas as outras que já lemos. Considere- mos agora esta passagem.

*Nos quais o deus deste século
cegou o entendimento dos incrédulos,
para que lhes não resplandeça a luz do evangelho
da glória de Cristo, o qual é a imagem de Deus...
Porque Deus, que disse: Das trevas resplandecerá a luz,
ele mesmo resplandeceu em nosso coração, para iluminação do
conhecimento da glória de Deus, na face de Cristo.*
2 CORÍNTIOS 4.4, 6

4

O EVANGELHO — A GLÓRIA DE CRISTO, A IMAGEM DE DEUS

Neste capítulo, consideramos o mais importante texto bíblico para deixarmos claro o argumento deste livro. É o texto que nos mostra a maneira como Paulo explica o significado da mensagem evangélica: "Eis aí está o vosso Deus!" (Is 40.9) Em 2 Coríntios 4.4-6, ver a glória de Deus, em Cristo, é identificado explicitamente com o evangelho.

> "Nos quais o deus deste século cegou o entendimento dos incrédulos, para que lhes não resplandeça[1] a luz do evangelho da glória de Cristo, o qual é a imagem de Deus. Porque não nos pregamos a nós mesmos, mas a Cristo Jesus como Senhor e a nós mesmos como vossos servos, por amor de Jesus. Porque Deus, que disse: Das trevas resplandecerá a luz, ele mesmo resplandeceu em nosso coração, para iluminação do conhecimento da glória de Deus, na face de Cristo."

Esta é uma das mais notáveis descrições do evangelho em toda a Bíblia. Nada há como esta descrição. Ela define o evangelho

---

[1] A palavra grega incomum [αὐγάσαι] que transmite a idéia de "ver" é usada somente nesta passagem do Novo Testamento. Pode significar "brilhar", ou "ser brilhante", ou "ver distintamente". Neste contexto, "ver distintamente" é a tradução apropriada, porque o deus deste século está cegando a mente, para que não aconteça este ver. Mas a cegueira não impede a luz de brilhar. Impede que a luz *seja vista*.

como "o evangelho da glória de Cristo". Afirma que este evangelho da glória de Cristo emite uma "luz" — "a luz do evangelho da glória de Cristo". E declara que Satanás não quer que "vejamos" esta luz. Ver a "a luz do evangelho da glória de Cristo" é o que liberta as pessoas do poder de Satanás.

LIBERTADOR DA CEGUEIRA REALIZADA POR SATANÁS

Compare este versículo com as palavras da comissão de Cristo a Paulo, quando o enviou como seu apóstolo. Cristo disse que estava enviando Paulo aos gentios, a fim de "lhes abrires os olhos e os *converteres das trevas para a luz e da potestade de Satanás para Deus*, a fim de que recebam eles remissão de pecados e herança entre os que são santificados pela fé em mim" (At 26.18). Em outras palavras, no ministério do evangelho, por intermédio de Paulo, os olhos dos espiritualmente cegos são abertos, a luz resplandece no coração, o poder da escuridão de Satanás é destruído, a fé é criada, o perdão dos pecados é recebido, e começa a santificação.[2]

Em 2 Coríntios 4.7, Paulo descreve a si mesmo como um vaso de barro que contém um poderoso evangelho: "Temos, porém, este tesouro em vasos de barro, para que a excelência do poder seja de Deus e não de nós". O ministério de Paulo não visava

---

2 Seyoon Kim destaca a correlação entre Atos 26.16-18 e 2 Coríntios 4.4-6, em *Paul and the New Perspective: Second Thoughts on the Origin of Paul's Gospel* (Grand Rapids, Michigan: Eerdmans, 2002), p. 102, n.4. Veja a seguinte tabela:

Atos 26.16-18	2 Coríntios 4.4-6
1) A comissão de Paulo	A comissão de Paulo
2) A visão de Deus	A visão de Deus
3) Existir sob o poder de Satanás	Sob o "deus deste século"
4) [cego — presumido]	cego
5) Converter a Deus [ἐπιστρέφειν]	[implícito: converter a Deus – cf. 3.16-18] [ἐπιστρέφειν]
6] Das trevas para a luz	Das trevas para a luz

exaltar a si mesmo. Deus cuidou para que Paulo tivesse poucos motivos em que se gloriar — mesmo entre os homens. Aflições e fraqueza eram abundantes (4.8-18). Mas isso não é um obstáculo ao brilho da glória do evangelho. "Porque não nos pregamos a nós mesmos, mas a Cristo Jesus como Senhor e a nós mesmos como vossos servos, por amor de Jesus" (v 5).

HAJA LUZ!

Deus usa vasos fracos e afligidos para levarem "a excelência do poder" da "luz do evangelho da glória de Cristo". O que acontece quando estes vasos de barro pregam o evangelho e se oferecem como servos? O versículo 6 nos dá a resposta: "Deus, que disse: Das trevas resplandecerá a luz, ele mesmo resplandeceu em nosso coração, para iluminação do conhecimento da glória de Deus, na face de Cristo". Isto significa que no coração entenebrecido e confuso do incrédulo, Deus faz o mesmo que fez na criação repleta de trevas e sem forma, no início de nosso mundo. Ele disse: "Haja luz", e houve luz. De modo semelhante, Ele diz ao coração cego e entenebrecido: "Haja luz", e a luz resplandece no coração do pecador. Nesta luz, vemos a glória de Deus na face de Cristo.

Observe a correspondência entre os versículos 4 e 6:

Versículo 4	Versículo 6
Satanás cega para	Deus cria
a luz	a luz
do evangelho	do conhecimento
da glória	da glória
de Cristo	de Deus
que é a imagem de Deus	na face de Cristo

No versículo 4, Satanás cega a mente; no versículo 6, Deus cria a luz no coração. O versículo 4 descreve o problema; o versículo 6, o remédio. Estes dois versículos são uma descrição da condição de todos os crentes antes da conversão e do que acontece na conversão, para realizar a salvação. Mais do que qualquer outra parte das Escrituras que eu conheço, a conexão entre 2 Coríntios 4.4 e 6 traz luz sobre o significado crucial do termo *boas* na palavra *boas-novas*.

O EVANGELHO É A GLÓRIA DE CRISTO

Deve ficar claro que estamos falando sobre *o evangelho* nestes versículos. O fato de que Paulo não mencionou os eventos da vida, morte e ressurreição de Cristo não significa que Paulo os deixou para trás. Estes eventos permanecem como o âmago histórico do evangelho. Não há evangelho sem a proclamação de Cristo crucificado em favor de pecadores e ressuscitado dentre os mortos (1 Co 15.1-4). Isso fica subentendido neste texto. Quando Paulo falou sobre "o evangelho da glória de Cristo", ele queria dizer que os eventos do evangelho foram designados por Deus para revelarem a glória de Cristo. Isto não é incidental ao evangelho — é essencial. O evangelho não seria boas-novas se não revelasse a glória de Cristo para que a vejamos e experimentemos. É a glória de Cristo que satisfaz finalmente nossa alma. Fomos criados para Cristo, e Ele morreu para que fossem removidos todos os obstáculos que nos impedem de vermos e experimentarmos o tesouro mais satisfatório do universo — ou seja, Cristo, que é a imagem de Deus.

O supremo valor da glória de Cristo revelada no evangelho é o que deixa Satanás tão furioso com o evangelho. Satanás não está interessado principalmente em causar-nos miséria.

Seu principal interesse é fazer Cristo parecer ruim. Ele odeia Cristo e odeia a glória de Cristo. Ele fará tudo que puder para impedir que as pessoas vejam a Cristo como glorioso. O evangelho é o instrumento de Deus para libertar pessoas de se gloriarem em si mesmas, para se gloriarem em Cristo. Por isso, Satanás odeia o evangelho.

AS ESTRATÉGIAS DE SATANÁS PARA SILENCIAR O EVANGELHO

Assim, 2 Coríntios 4.4 afirma que Satanás cega as pessoas a fim de impedi-las de ver "a luz do *evangelho*". Ele tem mais de uma maneira de fazer isso. Uma delas, evidentemente, é obstruir a pregação do evangelho. Ele faz isso por remover do seu caminho muitos pregadores e missionários. Estes podem ser mortos, ou lançados em prisão (Ap 2.10), ou podem abandonar o ministério (2 Tm 4.10). Ou talvez abandonem a verdade e preguem "outro evangelho" (Gl 1.6-8; At 20.30).

No entanto, em 2 Coríntios 4.4, a maneira como Satanás impede as pessoas de verem "a luz do evangelho" não é por obstruir a pregação, e sim por obstruir a percepção espiritual. As palavras do evangelho são ouvidas. Os fatos são compreendidos. Mas não há "luz". O que isto significa? Significa que as pessoas que foram cegadas pensam sobre os fatos do evangelho, não vendo, porém, nenhuma beleza espiritual capaz de constrangê-las, nenhum tesouro, nada supremamente precioso. Elas vêm fatos; podem até concordar que os fatos históricos são verdadeiros. Satanás realmente cega. Mas elas não têm o "verdadeiro senso da excelência divina das coisas reveladas na Palavra de Deus e uma convicção da verdade e realidade dessas coisas".

As palavras no parágrafo anterior são uma citação de Jonathan Edwards,[3] que pensava profundamente sobre esta luz espiritual do evangelho, mais profundamente do que qualquer outro que eu já tenha lido. Eis a maneira como ele descreveu o que Satanás impede, no versículo 4, e o que Deus outorga, no versículo 6:

> É um senso verdadeiro... da excelência da Deus e de Jesus Cristo, bem como da obra de redenção, dos caminhos e das obras de Deus revelados no evangelho. Existe uma glória divina e insuperável nestas coisas, uma excelência imensamente superior e de uma natureza mais sublime do que qualquer outra coisa; e uma glória excelente as distingue de tudo o que é terreno e temporal. Aquele que é iluminado espiritualmente apreende e vê essa glória ou possui um senso dela. Ele não apenas crê de modo racional que Deus é glorioso, mas também possui um senso da glória de Deus em seu coração.[4]

PROVE E VEJA PORQUE PROVAR É VER

Ver esta "luz do evangelho da glória de Cristo" não é algo neutro. Não é possível a alguém vê-la e odiá-la; vê-la e rejeitá-la. Se alguém confessa que a vê e a rejeita, está "vendo-a" apenas da maneira como Satanás a vê e quer que a vejamos. Nesse caso, tal pessoa ainda está presa no poder cegante de Satanás. Não! O tipo de ver que Satanás impede não é um ver neutro que coloca você diante de uma refeição a qual você quer ou não comer. O tipo de "cegueira para ver a luz" que Satanás intenta (v. 4) e o tipo de

---

[3] Jonathan Edwards, "A Divine and Supernatural Light", em *Sermons and Discourses 1730-1733*, em *The Works of Jonathan Edwards*, Vol. 17, ed. Mark Valeri (New Haven, Connecticut: Yale University Press, 1999), p. 413.
[4] *Ibid.*

"resplandecer a luz" que Deus cria (v. 6) é mais semelhante a um provar espiritual do que a um testar racional.

Este tipo de ver não é a inferência circunstancial de que "líquido marrom na garrafa com o favo *tem* de ser mel". Pelo contrário, este ver é o conhecimento imediato de que é mel mediante o colocar um pouco do líquido na língua. Não existe uma série de argumentos que despertam a certeza da doçura. Isto é o que significa ver a luz. Se você é cego, alguém pode convencê-lo de que o Sol é brilhante. Mas essa persuasão não é aquilo sobre o que Paulo estava falando. Quando os seus olhos são abertos — ou seja, quando Deus diz: "Haja luz!" — a persuasão possui outra natureza. Isto é o que acontece na pregação do evangelho. É o que acontece quando Deus remove, com poder criador, as trevas do coração humano.

Novamente, Jonathan Edwards nos ajuda a ver estas coisas com mais clareza:

> Existe um duplo entendimento ou conhecimento do bem para o qual Deus tornou a mente humana capaz. O primeiro é apenas especulativo e nocional... O outro consiste no senso do coração: como quando existe um senso de beleza, amabilidade ou doçura de uma coisa... Assim, existe uma diferença entre ter uma opinião de que Deus é santo e glorioso e ter um senso da amabilidade e beleza desta santidade e graça. Existe uma diferença entre ter um julgamento racional de que o mel é doce e ter um senso de sua doçura... Quando o coração é sensível para com a beleza e amabilidade de algo, ele sente necessariamente prazer na apreensão disto... o que é bem diferente de ter uma opinião racional de que aquele algo é excelente.[5]

---

5 *Ibid.*, p. 414.

Acautele-se de pensar que Edwards estava exagerando sobre o ver espiritual. Esses pensamentos não resultam de sonhos que passa- ram pela mente de Edwards. Resultam de meditação demorada e sincera a respeito do significado da palavra "luz" em 2 Coríntios 4.4 e 6. É a "luz do evangelho" e a "iluminação do... conhecimento". O que tem de ser visto não é mera informação, nem mero conhecimen- to. O que tem de ser visto é *luz*. E a luz recebe sua qualidade única do fato que a luz do "evangelho da glória" e a luz "do conhecimento da glória" são uma única luz. No final, elas se mostrarão como uma única glória. Contudo, o fato mais importante aqui é este: a glória de Deus em Cristo, revelada por meio do evangelho, é uma luz verda- deira, objetiva que tem de ser vista espiritualmente, para que haja salvação. Se não for vista — provada espiritualmente como preciosa e cheia de glória — Satanás ainda está agindo, e não há salvação.[6]

O EVANGELHO REVELA UMA PESSOA GLORIOSA

Considere também o que Paulo falou a respeito de Cristo revelar sua glória por meio do evangelho. Primeiramente temos a Cristo; em segundo, a revelação da sua glória; em terceiro, a revelação de sua glória por meio do evangelho. Consideremos estas três etapas.

Primeiramente, temos a Cristo. A glória referida em 2 Coríntios 4.4 não é uma glória vaga e impessoal, como a do esplendor do sol. É a glória de uma *Pessoa*. Paulo falou sobre "a luz do evangelho da glória *de Cristo*". O tesouro, nesse texto, não é a glória por si mesma. É *Cristo* em sua glória. Ele é o dom e o tesouro essencial do evangelho.

---

[6] No Novo Testamento, uma das maneiras como os perdidos são distinguidos dos salvos é pelo fato de que os perdidos não "vêem" a Deus. Por exemplo, 1 João 3.6b: "Todo aquele que vive pecando não *o viu*, nem *o conheceu*", e 3 João 11: "Aquele que pratica o bem procede de Deus; aquele que pratica o mal *jamais viu* a Deus".

Todas as outras palavras e realizações são meios para alcançar este objetivo: ver a Jesus Cristo — o tipo de ver que significa ver e experimentar ao mesmo tempo.

Em segundo, temos a revelação da glória — Cristo revelando a sua *glória* por meio do evangelho. Vimos anteriormente (Capítulo 3) que a glória de Cristo, em sua primeira vinda, era um conjunto incomparavelmente extraordinário de perfeições espirituais, morais, intelectuais, verbais e práticas que se manifestavam através de bondosos milagres, ensino irrefutável e ações humildes, que distinguiam Jesus de todos os homens. Cada uma das realizações, atitudes e obras de Jesus era gloriosa, mas é a maneira como se uniram em belíssima totalidade — a esta maneira chamei de conjunto extraordinário — que constitui a glória dele.

Mas o clímax da glória da vida de Jesus na terra foi o modo de sua conclusão. Foi como se todas as cores escuras do espectro de glória se unissem no mais lindo pôr-do-sol, na Sexta-Feira da Paixão, tendo o Cristo crucificado como o sol vermelho-sangue no céu carmesim. Foi como se as mais brilhantes cores do espectro de glória se unissem na mais linda aurora, na manhã da Páscoa, tendo o Cristo ressurreto como o sol dourado brilhando em todo o seu esplendor. Tanto a glória do pôr-do-sol como a da aurora resplandeceram no horizonte incomparavelmente belo de uma vida de amor. Era isso que Paulo queria dizer em 2 Coríntios 4.4, quando falou sobre a "glória de Cristo". É a glória de uma Pessoa. Mas a Pessoa manifesta sua glória em palavras, ações e sentimentos. A glória não é a glória de uma pintura ou mesmo de um pôr-do-sol. Estas são apenas analogias. São estáticas e sem vida.

A beleza espiritual de Cristo é Cristo em ação — amando, tocando os leprosos, abençoando crianças, curando paralíticos, ressuscitando mortos, expelindo demônios, ensinando com autoridade incontestável, silenciando os incrédulos, repreendendo seus discípulos, profetizando os detalhes de sua morte, encaminhando-se com determinação para Jerusalém, chorando sobre a cidade, permanecendo em silêncio diante de seus acusadores, reinando mansamente sobre Pilatos ("Nenhuma autoridade terias sobre mim, se de cima não te fosse dada" — Jo 19.11), crucificado, orando por seus inimigos, perdoando um ladrão, cuidando de sua mãe, enquanto Ele estava em agonia, entregando seu espírito na morte e ressuscitando dos mortos — "Ninguém a tira [minha vida] de mim; pelo contrário, eu espontaneamente a dou. Tenho autoridade para a entregar e também para reavê-la" (Jo 10.18). Esta é a glória de Cristo.

ISTO É O EVANGELHO: A REVELAÇÃO DA GLÓRIA DE DEUS EM CRISTO

Em terceiro, temos o evangelho — Cristo revelando a sua glória *por meio do evangelho*. O evangelho é boas-novas. É a proclamação do que aconteceu. A primeira geração de discípulos viu esses acontecimentos com seus próprios olhos. Desde então, para todos nós, a glória de Cristo é mediada por meio da proclamação daqueles fatos. Eis a maneira como eles o disseram: "O que era desde o princípio, o que temos ouvido, o que temos visto com os nossos próprios olhos, o que contemplamos, e as nossas mãos apalparam, com respeito ao Verbo da vida... o que temos visto e ouvido anunciamos também a vós outros" (1 Jo 1.1, 3).

A gloriosa Pessoa que uma vez andou neste mundo não é visível agora. Todos os atos decisivos dele se encontram no passado invisível. Não temos quaisquer vídeos ou gravações de Jesus Cristo na terra. O que temos para nos ligar com Cristo, com a cruz e a ressurreição é a Palavra de Deus; e o seu centro é o evangelho. "Ó gálatas insensatos! Quem vos fascinou a vós outros, ante cujos olhos foi Jesus Cristo exposto como crucificado?" (Gl 3.1.) Deus ordenou que a verdadeira realidade humana de Cristo atravesse os séculos por meio das Escrituras — e do seu centro esplendoroso, o evangelho do Cristo crucificado e ressuscitado.

Esta foi a maneira como Paulo definiu o âmago do evangelho: "Cristo morreu pelos nossos pecados, segundo as Escrituras... foi sepultado e ressuscitou ao terceiro dia, segundo as Escrituras" (1 Co 15.3, 4). Estas são as realizações indispensáveis do evangelho. Outras coisas são implícitas e, até, essenciais, mas estas são explícitas e essenciais.

A morte e a ressurreição de Cristo são os acontecimentos nos quais a glória de Cristo resplandece com mais intensidade. Existe uma glória divina na maneira como Jesus aceitou a sua morte e no que Ele realizou por meio dela. Por isso, Paulo disse: "Nós pregamos a Cristo crucificado, escândalo para os judeus, loucura para os gentios; mas para os que foram chamados, tanto judeus como gregos, pregamos a Cristo, *poder de Deus e sabedoria de Deus*" (1 Co 1.23, 24). "A palavra da cruz é loucura para os que se perdem, mas para nós, que somos salvos, poder de Deus" (1 Co 1.18). Para aqueles que têm olhos para ver, existe glória divina na morte de Jesus.

E o mesmo ocorre com a ressurreição de Cristo. Paulo disse que, ao morrer, o corpo humano é semeado "em desonra" e "ressuscita em glória" (1 Co 15.42). Foi a glória de Deus que ressuscitou a Jesus. Também foi na glória de Deus em que Ele foi ressuscitado. Cristo "foi ressuscitado dentre os mortos pela glória do Pai" (Rm 6.4). Depois, o Pai "lhe deu glória" (1 Pe 1.21). Jesus mesmo disse após a sua ressurreição: "Não convinha que o Cristo padecesse e entrasse na sua glória?" (Lc 24.26.)

Por conseguinte, quando o evangelho é pregado em sua plenitude, e, pela poderosa graça de Deus, o poder de Satanás em cegar a pessoa é vencido, e Deus ordena à alma do homem: "Haja luz!", o que a alma vê e experimenta, no evangelho, é "a luz do evangelho da glória de Cristo". Este é o alvo da pregação do evangelho.

A GLÓRIA DE CRISTO É A GLÓRIA DE DEUS

A glória de Cristo, que vemos no evangelho, é a glória *de Deus*, por, pelo menos, três razões. Primeira, Deus ordena que a luz da glória venha a existir em nosso coração. 2 Coríntios 4.6 deixa isto claro: "Deus, que disse: Das trevas resplandecerá a luz, ele mesmo resplandeceu em nosso coração, para iluminação do conhecimento da glória de Deus, na face de Cristo". Duas vezes este versículo afirma que Deus criou a luz: a primeira referindo-se à criação deste mundo ("Deus, que disse: Das trevas resplandecerá a luz"); a segunda referindo-se à criação da luz em nosso coração ("Resplandeceu em nosso coração, para iluminação"). Portanto, esta é a luz de Deus. Ele cria e dá esta luz.

Entretanto, não podemos cometer o erro de pensar que, por Deus criar a luz em nosso coração, ela não é a luz objetiva da glória dos acontecimentos da Sexta-Feira da Paixão e da Páscoa. Paulo não estava dizendo que Deus cria a luz no coração à parte dos acontecimentos do evangelho. Não, a luz que Deus cria é "a luz do evangelho da glória de Cristo". Não é uma luz independente ou diferente da que Cristo revelou na História. Quando esta luz resplandece na alma, pela soberana criação de Deus, o que a alma vê é a glória de Cristo agindo no evangelho.

Portanto, temos de afirmar estas duas verdades, não apenas uma, ainda que pareçam estar em conflito. Primeiramente, temos de nos prender à verdade de que a luz espiritual sobre a qual Paulo falou, no versículo 4, emana, na verdade, dos acontecimentos do evangelho. A outra verdade é que Deus cria esta luz no coração.

Não é causada pela pregação humana. É causada diretamente por Deus. Eis como Jonathan Edwards descreveu estas duas verdades:

> A luz é dada diretamente por Deus, e não obtida por meios naturais... Não está relacionada a assuntos naturais como está ao fato da inspiração [das Escrituras], onde novas verdades são sugeridas; pois existe, por meio da luz outorgada, uma devida apreensão das mesmas verdades que são reveladas na Palavra de Deus; e, por isso, a luz não é outorgada sem a Palavra... a Palavra de Deus... transmite à nossa mente estas e outras doutrinas. A luz é a causa da noção em nossa mente, e não o senso da excelência divina dessas doutrinas, em nosso coração. De fato, uma pessoa não pode ter luz espiritual sem a Palavra... Como, por exemplo, a noção de que existe um Cristo, e que Ele é santo e gracioso, é transmitida à mente pela Palavra de Deus: mas o senso de excelência de Cristo devido à santidade e à graça dele é obra imediata do Espírito Santo.[7]

Portanto, a luz da glória de Cristo que resplandece por meio do evangelho é a luz da glória de Deus. E a primeira razão é que Deus mesmo ordena que a luz dessa glória venha a existir em nosso coração.

A GLÓRIA DE CRISTO É A GLÓRIA DE DEUS NA FACE DE CRISTO

A segunda razão por que a glória de Cristo é a glória de Deus é que Cristo é a imagem de Deus. Paulo afirmou isto explicitamente no

---

7 Edwards, "A Divine and Supernatural Light", pp. 416-417.

versículo 4 e de modo diferente no versículo 6. No versículo 4, Paulo referiu-se à "luz do evangelho da glória de Cristo, *o qual é a imagem de Deus*". E, no versículo 6, ele se referiu à "iluminação do conhecimento da glória de Deus, *na face de Cristo*". Assim, Paulo mostrou que a glória é uma só, afirmando-o de duas maneiras. Primeiramente, é a glória de Cristo, mas Cristo é "a imagem de Deus"; por isso, é também a glória de Deus. Ou, novamente, é a glória de Deus, porém "na face de Cristo; por isso, é também a glória de Cristo.

A referência à "face de Cristo" (v. 6) é admirável.[8] Deus "resplandeceu em nosso coração, para iluminação do conhecimento da glória de Deus, *na face de Cristo*". Combinada com a palavra "ima- gem", no versículo 4, a ênfase parece estar em visibilidade, transparência, cognoscibilidade. Deus tem de possuir uma imagem a ser vista. Ou, dizendo-o de outra maneira, Deus tem de possuir uma face humana. Essa imagem é Cristo; e essa face é a face de Cristo. Mas a visão não é ver uma fotografia ou um vídeo. É a visão que pode acontecer mediante a Palavra de Deus e o Espírito Santo. Jesus tinha realmente uma face humana, física. Isso está implícito e é im- portante. A glória de Deus resplandeceu na face histórica e corporal de Jesus.

A face de Jesus era o esplendor de sua Pessoa.8 Se você quer conhecer uma pessoa, não olha primordialmente para seu pesco-

---

8 Em alguns versículos antes de 2 Coríntios 4.4-6, Paulo falou so- bre outra face — a de Moisés. Paulo ressaltou que as coisas vistas por Moisés, no Monte Sinai, fizeram sua face resplandecer com glória. Mas era uma glória que desvanecia, e Moisés tinha de cobrir sua face, para que aglória desvanecente não fosse vista. "E os filhos de Israel" não podiam "fitar a face de Moisés, por causa da glória do seu rosto, ainda que desvanecente... Moisés, que punha véu sobre a face, para que os filhos de Israel não atentassem na terminação do que se desvanecia" (2 Co 3.7, 13). Mas Paulo disse que a glória de Cristo, na Nova Aliança, não seria uma glória desvanecente. "Porque, se o que se desvanecia teve sua glória, muito mais glória tem o que é permanente" (2 Co 3.11). Portanto, é sensato que Paulo tenha se referido à "face de Cristo", pois ele estava contrastando o ministério de Cristo com o de Moisés, cuja face teve de ser coberta com véu.

ço, ombros ou joelhos; olha para a sua face. A face é a janela da alma. A face revela o coração. Expressa as emoções de alegria e tristeza, raiva e mágoa. Temos palavras como *sorriso* e *carranca* para expressar como o coração se manifesta na face. Não sorrimos ou fazemos carranca com os joelhos ou os pulsos. A face representa a pessoa na comunicação direta. Se alguém nos oculta a sua face, ele não quer ser conhecido. A face real, corporal de Jesus é importante. Significa que Ele era um ser humano autêntico e que era uma Pessoa revelada em uma vida física, real e histórica.

A FACE FUTURA DE CRISTO

Isto também é importante, porque Jesus ressuscitou dentre os mortos com a mesma face corporal. Nossa esperança de comunhão futura com Ele não é uma esperança por uma semelhança de fantasma que flutua pela vizinhança. É a esperança de vê-Lo face a face. Paulo disse isto em palavras que anteciparam esta passagem: "Agora, vemos como em espelho, obscuramente; então, veremos face a face. Agora, conheço em parte; então, conhecerei como também sou conhecido" (1 Co 13.12). Se agora vemos obscuramente e esperamos ver, posteriormente, face a face, então, o que vemos obscuramente agora é a "face de Cristo". Ou seja, estamos vendo a glória da pessoa real e histórica manifestada em palavras, realizações e sentimentos, visto que Ele esteve verdadeiramente no corpo, neste mundo.

Isto é o que esperamos ver, quando Ele retornar; é também o que Paulo disse que os incrédulos perderão: "Estes sofrerão penalidade de eterna destruição, *banidos* da face do Senhor e da glória do seu poder" (2 Ts 1.9). Mas os crentes se "admirarão" e se "gloriarão" ante a face do Senhor, quando Ele vier (2 Ts 1.10). Não ficaremos satisfeitos até ao dia em que contemplarmos a Jesus face a face. Uma face real. Uma face humana. Todavia, será muito mais do que isso! Uma face infinitamente radiante com a glória do poder dele.

A MAIOR RAZÃO POR QUE A GLÓRIA DE CRISTO É A GLÓRIA DE DEUS

Implícito no que temos dito a respeito de a glória de Cristo ser a glória de Deus, está o fato de que Cristo e Deus são um em essência. Eles são Deus. Mas devemos esclarecer isto agora por causa de sua elevada relevância para o significado do evangelho em 2 Coríntios 4.4-6. Eis a terceira razão por que a glória de Cristo é a glória de Deus: Cristo é Deus.[9]

Jesus Cristo é "o resplendor da glória e a expressão exata" do ser de Deus (Hb 1.3). "E o Verbo se fez carne e habitou entre nós, cheio de graça e de verdade, e vimos a sua glória, glória como do unigênito do Pai" (Jo 1.14). Esta não era a glória de uma criatura. Era a glória do Filho unigênito — unigênito desde toda a eternidade, conforme está implícito em João 1.1: "No princípio era o Verbo, e o Verbo estava com Deus, e o Verbo era Deus". A glória de Cristo é a glória de Deus, porque Jesus Cristo é Deus. A glória do Filho unigênito — não de filhos criados, como nós, e sim o Filho divino — é a glória do Pai, porque eles são a mesma essência, o mesmo Ser divino.[10] Em Jesus,

---

[9] Uma excelente introdução à doutrina da Trindade (a deidade do Pai, do Filho e do Espírito Santo como um só Deus existente em três Pessoas) se encontra no livro de Bruce Ware, *Father, Son, and Holy Spirit: Relationships, Roles, and Relevance* (Wheaton, Illinois: CrosswayBooks, 2005). Uma visão geral e histórica desta doutrina pode ser encontrada em *The Holy Trinity: in Scripture, History, Theology, and Worship* (Phillipsburg, New Jersei: P&R, 2004), escrito por Robert Letham. E um banquete de reflexão bíblica achamos em Jonathan Edwards, *Writings on the Trinity, Grace, and Faith*, ed. Sang Hyun Lee, em *The Works of Jonathan Edwards*, Vol. 21 (New Haven, Connecticut: Yale University Press, 2003).

[10] Algumas de minhas reflexões sobre a unicidade do Pai e do Filho podem ser lidas em "The Pleasure of God in His Son", em John Piper, *The Pleasures of God: Meditations on God's Delight in Being God* (Sisters, Oregon: Multnomah, 2000), pp. 25-45.

"habita, corporalmente, toda a plenitude da Divindade" (Cl 2.9; ver Cl 1.19). Esta é a maior razão por que Ele é chamado "a imagem do Deus invisível" (Cl 1.15) e por que Jesus disse: "Eu e o Pai somos um" (Jo 10.30); "Quem me vê a mim vê o Pai" (Jo 14.9); "O Pai está em mim, e eu estou no Pai" (Jo 10.38); "Eu sou o Alfa e o Ômega, o Primeiro e o Último, o Princípio e o Fim" (Ap 22.13).[11]

A glória de Cristo é a glória pela qual todo o seu povo está esperando — "Aguardando a bendita esperança e a manifestação da glória do nosso grande Deus e Salvador Cristo Jesus" (Tt 2.13). Jesus é "nosso grande Deus". Existe uma glória do Pai e uma glória do Filho, mas eles estão unidos de tal modo que, se vemos Um, vemos igualmente o Outro. Eles não cumprem o mesmo papel na obra de redenção, mas a glória manifestada no papel de cada um deles resplandece de ambos. Ninguém conhece a glória do Filho e, ao mesmo tempo, é estranho à glória do Pai. E ninguém conhece a glória do Pai e, ao mesmo tempo, é estranho à glória do Filho.

CONHECER O FILHO SIGNIFICA CONHECER O PAI

Somente o Filho e o Pai têm a capacidade de conhecer por completo Um ao Outro, visto que têm uma essência plenamente única — Eles são Deus. Portanto, não podemos conhecê-los verdadeiramente, se este conhecimento não nos for dado por uma obra especial da graça. Deus Espírito, a serviço da glória de Deus Filho (Jo 16.14) nos dá a capacidade espiritual de conhecer Deus Pai (Jo 3.6-8). Por causa dessa nova capacidade

---

[11] "As qualidades expressas nestas palavras são atribuídas a Deus mesmo em [Apocalipse] 1.8 e 21.6. Cristo pode ser o juiz dos homens, porque Ele transcende toda a experiência humana, compartilhando da natureza eterna do próprio Deus" — George Ladd, *A Commentary on the Revelation of John* (Gand Rapids, Michigan: Eerdmans, 1972), p. 293.

de conhecer a Deus, o Filho cumpre sua divina prerrogativa de tornar conhecido o Pai. Jesus disse: "Tudo me foi entregue por meu Pai. Ninguém conhece o Filho, senão o Pai; e ninguém conhece o Pai, senão o Filho e aquele a quem o Filho o quiser revelar" (Mt 11.27). Se o Filho decide revelar-nos o Pai, temos comunhão com o Pai e com o Filho, por meio do Espírito, que dá vida. Nesta comunhão, gozamos do ver e experimentar a glória do Pai e do Filho.

O Pai e o Filho são inseparavelmente Um em glória e essência, de modo que conhecer Um implica conhecer o Outro, e amar Um significa amar o Outro. "Aquele que confessar que Jesus é o Filho de Deus, Deus permanece nele, e ele, em Deus" (1 Jo 4.15). Confessar a Cristo, o Filho de Deus, resulta na vinda e revelação de Deus Pai a nós. O Pai e o Filho estão unidos de tal modo que ter Um implica ter o Outro. "Todo aquele que nega o Filho, esse não tem o Pai; aquele que confessa o Filho tem igualmente o Pai" (1 Jo 2.23). "Todo aquele que ultrapassa a doutrina de Cristo e nela não permanece não tem Deus; o que permanece na doutrina, esse tem tanto o Pai como o Filho" (2 Jo 9).

Não existe qualquer possibilidade de conhecer a Deus, ter um relacionamento salvífico com Ele, sem conhecer o Filho e sem confiar nele. Isto é mostrado com clareza repetidas vezes — tanto negativa como positivamente. "Quem não honra o Filho não honra o Pai que o enviou" (Jo 5.23). "Quem me odeia odeia também a meu Pai" (Jo 15.23). "Se conhecêsseis a mim, também conheceríeis a meu Pai" (Jo 8.19). "Quem me recebe recebe aquele que me enviou" (Mt 10.40). "Quem vos der ouvidos ouve-me a mim; e quem vos rejeitar a mim me rejeita; quem, porém, me rejeitar rejeita aquele que me enviou" (Lc 10.16).

O EVANGELHO NÃO É BOAS-NOVAS SEM A GLÓRIA DE DEUS

As implicações disto para o entendimento de 2 Coríntios 4.4, 6 são enormes. "O evangelho da glória de Cristo" é o evangelho da glória de Deus, pois Cristo é Deus. Ver a glória da obra de Cristo, nos acontecimentos da Sexta-Feira e da Páscoa, é o mesmo que ver a glória de Deus. Amar a Cristo por sua obra salvadora, no evangelho, é o mesmo que amar a Deus. Não estou anulando todas as distinções entre o Pai e o Filho. Pelo contrário, estou contendendo contra toda separação. Estou argumentando que não é somente permissível, mas também essencial, vermos e experimentarmos a Deus na glória do evangelho. Essa é a ênfase de 2 Coríntios 4.4, 6 e o alvo deste livro, bem como a razão por que o intitulei *Deus é o Evangelho*.

O evangelho é a luz da glória de Cristo, o qual é *a imagem de Deus*. É a luz da glória de Deus *na face de Cristo*. Isto é o que torna o evangelho em boas-novas. Se a glória de Deus, em Cristo, não nos fosse apresentada no evangelho, a fim de que a vejamos e a experimentemos para sempre, o evangelho não seria boas-novas. A ênfase não pode ser mais clara nestes versículos. Despertando nossa alma para vermos e experimentarmos a glória do evangelho, Paulo enfatiza, acima de tudo, nestes versículos, que o evangelho nos mostra *a glória de Deus*, para que a vejamos e a desfrutemos eternamente.

"ELES NÃO VÊEM O SOL DO MEIO-DIA"

Não deixemos de ver o sol em pleno meio-dia. Estamos falando sobre a *glória* — radiância, fulgor, brilho. Glória é esplendor externo de tudo o que é glorioso. A glória de Deus é o lindo esplendor de Deus. Não existe esplendor maior. Nada, no universo, nem na imaginação de qualquer homem ou anjo, é mais brilhante do que o esplendor de Deus. Isto torna a cegueira de 2 Coríntios 4.4 horrorizante em seus efeitos. Calvino o disse com o tipo de admiração que ela merece: "Eles não vêem o sol do meio-dia".[12] Essa é maneira como a glória de Deus é tão evidente no evangelho. Quando Deus pronuncia a ordem onipotente de criação e resplandece "em nosso coração, para iluminação do conhecimento da glória de Deus, na face de Cristo", as cortinas são abertas na janela de nosso chalé alpino, e o sol da manhã, refletido nos Alpes de Cristo, enche a sala com a sua glória.

---

12 João Calvino, *The Second Epistle of Paul the Apostle to the Corinthians*, tradução de T. A. Smail (Grand Rapids, Michigan: Eerdmans, 1964), p. 53.

*O Espírito é o que dá testemunho,
porque o Espírito é a verdade... Se admitimos o testemunho dos
homens, o testemunho de Deus é maior; ora, este é o testemunho de
Deus, que ele dá acerca do seu Filho... E o testemunho é este: que
Deus nos deu a vida eterna; e esta vida está no seu Filho.*
1 JOÃO 5.6, 9, 11

5

O EVANGELHO — CONFIRMADO POR SUA GLÓRIA, O TESTEMUNHO INTERNO DO ESPÍRITO SANTO

A GLÓRIA DE DEUS NO EVANGELHO E O TESTEMUNHO INTERNO DO ESPÍRITO

A glória de Deus no evangelho é amplamente importante, de formas que a princípio podemos não compreender. Por exemplo, a glória de Deus no evangelho outorga validade e poder que autenticam a própria palavra do evangelho, mesmo para a pessoa mais simples. Como uma pessoa chega a uma fé firme e inabalável no evangelho de Cristo? Para milhões de pessoas, através dos séculos, que não tiveram acesso aos argumentos intelectuais da apologética, o evangelho tem sido o caminho para uma confiança segura, bem-fundamentada e inabalável em Cristo. Como isto é possível? Qual é o fundamento dessa fé? Não é a revelação, feita no evangelho, da "glória de Deus na face de Cristo"? Glória que autentica a si mesma? Considerar esta pergunta em relação à doutrina histórica do testemunho interno do Espírito Santo trará ainda mais luz à preciosidade e beleza da verdade de que a glória de Deus é o esplendor máximo do evangelho.

A FÉ PROVENIENTE DO TESTEMUNHO DO ESPÍRITO NÃO É IRRACIONAL

A revelação da majestade da glória de Deus no evangelho é uma das razões por que não é irracional nem arbitrário crer no evangelho por causa do testemunho interno do Espírito Santo. Às vezes, quando ouvimos que o Espírito Santo nos capacita a crer no evangelho ou que o Espírito dá testemunho da verdade do evangelho, temos em nossa mente a noção de que a validade do evangelho depende de uma nova informação dada pelo Espírito Santo. Mas, historicamente, não é isso ó que significa o testemunho do Espírito Santo. Podemos ver isso na maneira como João Calvino[1] e Jonathan Edwards pensavam sobre este assunto.

É O ESPÍRITO QUE CONFIRMA A PALAVRA E NÃO A IGREJA

Quando João Calvino refletiu sobre o fundamento de nossa confiança no evangelho, ficou admirado de que a Igreja Católica Romana havia tornado a Palavra dependente da autoridade da igreja:

> Um erro muito pernicioso prevalece amplamente, ensinando que a Escritura tem muita importância somen- te quando essa importância lhe é concedida por meio da aprovação da igreja. Como se a verdade eterna e inviolável de Deus dependesse da decisão de homens!... Mas, se isto fosse verdade, o que aconteceria às consciências infelizes que procuram a firme segurança da vida eter- na, se todas as promessas da vida eterna consistissem e dependessem unicamente do julgamento de homens?[2]

---

1 Nos parágrafos seguintes dependo do que escrevi em "The Divine Majesty of the Word", em *The Legacy of Sovereign Joy* (Wheaton, Illinois: Crossway Books, 2000), pp. 115-142.
2 João Calvino, *Institutes of the Christian Religion*, 2 vols., ed. John T. McNeill, tradução de Ford Lewis Battles (Filadélfia: Westminster Press, 1960), 1:75 (I, vii. 1).

*O evangelho — confirmado por sua glória,
o testemunho interno do Espírito Santo*

Então, como podemos saber com certeza que o evangelho é a Palavra de Deus? Como podemos estar certos não apenas de que estas coisas aconteceram, mas também de que o significado bíblico atribuído aos grandes acontecimentos do evangelho é o seu verdadeiro significado — o significado de Deus? Calvino prossegue:

> O testemunho do Espírito é mais excelente do que toda a razão. Pois, assim como somente Deus é a testemunha adequada de Si mesmo em sua Palavra, assim também a Palavra não encontrará aceitação no coração do homem antes de haver sido selada pelo testemunho interno do Espírito. O mesmo Espírito que tem falado pela boca dos profetas tem de penetrar nosso coração e nos persuadir de que os profetas proclamaram com fidelidade o que lhes havia sido ordenado por Deus... porque, enquanto o Espírito não ilumina a nossa mente, ela vagueia em meio a muitas dúvidas![3]

A INCONFUNDÍVEL MAJESTADE DE DEUS MANIFESTADA NO MUNDO

Mas como acontece esta persuasão? Por meio do Espírito, dizen- do-nos um novo fato — ou seja, o sussurro "Este livro é a verdade?" Ouvimos uma voz? Essa não é maneira como acontece. A glória de Deus no evangelho não precisa de um testemunho desse tipo. Então, como acontece o testemunho interno do Espírito Santo em uníssono à glória de Deus no evangelho? O que o Espírito Santo faz?

A resposta não é que o Espírito nos dá uma revelação adicional ao que está na Escritura, e sim que Ele nos vivifica, como que dentre os mortos, para vermos e experimentarmos a divina realidade

---
3 *Ibid.*, p. 79 (I. vii. 4).

da glória de Cristo no evangelho. (Recorde o ver de 2 Coríntios 4.4, 6.) Esta percepção autentica o evangelho como a própria Palavra de Deus. Calvino disse: "Nosso Pai celestial, revelando a sua majestade [no evangelho], exalta a reverência para com a Escritura, acima do âmbito da controvérsia".[4] Isto é a chave para Calvino: o testemunho de Deus quanto ao evangelho é a imediata, incontestável e vivificadora revelação, feita à mente, a respeito da majestade de Deus manifestada na própria Palavra — e não uma nova revelação a respeito da Palavra. Estamos quase nas profundezas desta experiência do testemunho interno do Espírito. Eis as palavras que nos levarão a profundezas ainda maiores.

> Portanto, iluminados pelo poder [do Espírito], cremos que as Escrituras são de Deus não por causa de nosso próprio julgamento [observe isto!], nem por causa do julgamento de outrem. Todavia, acima do julgamento humano, afirmamos, com plena certeza (como se estivéssemos contemplando a majestade do próprio Deus), que a Escritura veio até nós da própria boca de Deus, por meio do ministério de homens.[5]

O TESTEMUNHO DE DEUS É DOADOR DE VIDA E, CONSEQÜENTEMENTE, DE VISÃO

Isto é quase atordoante. Calvino disse que sua convicção concernente à majestade de Deus nas Escrituras — ou seja, a glória de Deus no evangelho — não se fundamenta em qualquer julgamento humano, nem no dele mesmo. O que ele pretendia dizer? Como já lutei com esta questão, as palavras do apóstolo João tem

---

4 *Ibid.*, p. 92 (I. viii. 13).
5 *Ibid.*, p. 80 (I. vii. 5).

me dado esclarecimento a respeito do que Calvino pretendia dizer. Estas são as palavras-chaves, extraídas de 1 João 5.6, 9, 11:

> *O Espírito é o que dá testemunho, porque o Espírito é a verdade... Se admitimos o testemunho dos homens, o testemunho de Deus [o Espírito] é maior; ora, este é o testemunho de Deus, que ele dá acerca do seu Filho... E o testemunho é este: que Deus nos deu a vida eterna; e esta vida está no seu Filho.*

Em outras palavras, "o testemunho de Deus", ou seja, o testemunho interno do Espírito, é maior do que qualquer testemunho humano, incluindo — eu penso que o apóstolo estava dizendo-o no contexto — o testemunho de nosso próprio julgamento. E o que é esse testemunho de Deus? Não é meramente uma palavra entregue para nosso julgamento e reflexão, pois, desse modo, nossa confiança repousaria em nossa própria reflexão. Então, o que é? O versículo 11 é a chave: "E o testemunho é este: que Deus nos deu a vida eterna". Entendi estas palavras com o significado de que Deus testemunha para nós sobre a sua realidade, a realidade de seu Filho e a do evangelho, por nos dar vida dentre os mortos, de modo que nos tornamos vivos para a sua glória auto-autenticadora no evangelho. Nesse instante, não argumentamos com premissas para chegarmos a conclusões. Pelo contrário, percebemos que estamos vivos, e não existe qualquer julgamento humano anterior no qual possamos confiar. Quando Lázaro ressuscitou dentre os mortos, por meio da chamada ou "testemunho" de Cristo, ele sabia, sem argumentar, que estava vivo e que a chamada o vivificou.

Quando perguntaram a Calvino: "Como podemos estar certos de que [o evangelho] veio de Deus, se não recorrermos aos decretos da igreja?", ele respondeu com admiração: "Isto é como se alguém perguntasse: Como aprenderemos a distinguir a luz das trevas, o branco do preto, o doce do amargo? De fato, as Escrituras exibem uma evidência tão clara a respeito de sua própria verdade como as coisas brancas ou pretas a exibem de suas próprias cores, ou as coisas amargas e doces o fazem de seu próprio sabor".⁶

O EVANGELHO QUE EXALTA A DEUS AUTENTICA-SE A SI MESMO

Portanto, o testemunho interno do Espírito, que nos persuade de que o evangelho é verdade, não acrescenta qualquer informação nova ao que já está no evangelho. Pelo contrário, o que ocorre é o mesmo que Paulo descreveu em 2 Coríntios 4.6: "Deus, que disse: Das trevas resplandecerá a luz, ele mesmo resplandeceu em nosso coração, para iluminação do conhecimento da glória de Deus, na face de Cristo" (2 Co 4.6). Em outras palavras, pelo Espírito somos capacitados a ver o que realmente existe no evangelho. Existe luz e glória autênticas, que são manifestamente divinas. Ele carrega sua própria autenticação. Eis como J. I. Packer falou sobre isso:

> Calvino afirma que as Escrituras autenticam-se a si mesmas por meio do testemunho interno do Espírito Santo. O que é este "testemunho interno"? Não é uma qualidade especial de experiência, nem uma revelação nova e particular, nem uma "decisão" existencial, e sim uma obra de iluminação pela qual, mediante o instrumento de testemunho verbal, os olhos cegos do espírito são abertos, e as realidades divinas são reconhecidas e recebidas pelo que elas realmen-

---

6 *Ibid.*, p. 76 (I. vii. 2).

te são. Calvino diz que este reconhecimento é tão imediato e não-analisável como o perceber uma cor ou um sabor por meio de um senso físico — é um evento a respeito do qual podemos dizer apenas que, quando os estímulos apropriados estavam presentes, o evento aconteceu; e, quando ele aconteceu, sabemos que aconteceu.[7]

Por conseguinte, a doutrina do testemunho interno do Espírito Santo é válida porque o evangelho é uma revelação da glória de Cristo, que é a imagem de Deus. Se minimizamos a majestade de Deus como o maior bem nas boas-novas, despimos o evangelho do fundamento plenamente importante da fé salvadora. Isto se torna ainda mais claro quando consideramos a maneira de Jonathan Edwards enfrentar a questão de como as pessoas — especialmente as pessoas comuns, iletradas, como os índios na fronteira da Nova Inglaterra — podiam ter fé inabalável que sofreria até o martírio.

O FUNDAMENTO DE NOSSA FÉ TEM DE SER RACIONAL

Jonathan Edwards compartilhava da convicção de João Calvino a respeito do fundamento de nossa fé no evangelho: a glória de Deus vista com os olhos do coração como majestosa e auto-autenticadora. Mas Edwards soa uma nota um pouco diferente. Ele enfatiza que a convicção da verdade do evangelho tem de ser tanto *racional* quanto *espiritual*. A glória de Deus no evangelho é a chave para ambas.

Edwards afirma que, embora uma pessoa tenha afeições religiosas fortes, que procedem de uma persuasão da verdade do

---

[7] J. I. Packer, "Calvin the Theologian", em *John Calvin: A Collection of Essays* (Grand Rapids, Michigan: 1966), p. 166.

evangelho, estas afeições serão inúteis, "se a persuasão dessas pessoas não for uma persuasão ou convicção racional".[8] O que Edwards queria dizer com "racional"?

> Ao usar as palavras "convicção racional", estou falando sobre uma convicção fundamentada na evidência genuína, ou sobre aquilo que é uma boa razão, ou uma base justa de convicção. Os homens podem estar fortemente persuadidos de que a religião cristã é verdadeira, quando a persuasão deles não está edificada sobre a evidência, mas está totalmente edificada sobre a educação e na opinião de outras pessoas; assim como muitos dos mulçumanos são fortemente persuadidos da verdade da religião islâmica, porque seus pais, vizinhos e a nação crêem no islamismo. Este tipo de crença na veracidade da religião cristã não é diferente da crença dos muçulmanos, pois ambas são edificadas sob a mesma base. E, ainda que os elementos da crença sejam melhores, isso não torna melhor a própria crença, pois embora a coisa crida seja verdadeira, este tipo de crença não se deve à sua verdade, e sim à educação. Portanto, assim como a convicção [cristã] não é melhor do que a convicção dos mulçumanos, assim também as afeições que fluem dessa convicção não são melhores em si mesmas do que as afeições religiosas dos mulçumanos.[9]

Uma de minhas maiores preocupações em escrever este livro é que muitas pessoas confessam ter fé em Cristo desta maneira.

---

[8] Jonathan Edwards, *Religious Affections*, ed. John E. Smith, em *The Works of Jonathan Edwards*, Vol. 2 (New Haven, Connecticut: Yale University Press, 1959), p. 295.
[9] Jonathan Edwards, *Religious Affections*, p. 295.

Não é uma fé alicerçada na glória de Cristo mesmo, e sim na tradição, na educação ou na opinião de outras pessoas. Se este for o caso, a fé não é a fé salvadora. A fé salvadora em Cristo está edificada, como afirma Edwards, sobre "evidência genuína, ou sobre aquilo que é uma boa razão, ou uma justa base de convicção".

O FUNDAMENTO RACIONAL DA FÉ TEM DE SER ESPIRITUAL

O que é essa "boa razão" ou "base justa" sobre a qual a fé precisa estar alicerçada? A resposta para esta pergunta também define o que Edwards intentava dizer ao afirmar que uma convicção verdadeira é "espiritual". Para que a fé e seus frutos sejam verdadeiramente "graciosos", ou seja, salvíficos, afirma Edwards, "é necessário não somente que a crença. seja uma crença ou convicção racional, mas também que ela seja *espiritual*".[10] Ele diz isto porque a "boa razão" e a "base justa" de convicção têm de surgir de uma contemplação espiritual — ou seja, capacitada pelo Espírito — da glória de Deus, no evangelho.

> Uma convicção *espiritual* da verdade sobre as grandes coisas do evangelho é uma convicção verdadeira quando resulta de possuirmos, na mente, uma visão ou apreensão espiritual destas coisas. Isto também é evidente das Escrituras, que freqüentemente nos mostram que uma crença salvadora na realidade e na divindade das coisas propostas e reveladas para nós no evangelho resulta da obra do Espírito de Deus iluminando nossa mente.[11]

---

10 *Ibid.*
11 *Ibid.*, p. 296.

Então, para apoiar esta afirmação, Edwards cita o texto com o qual lidamos no capítulo anterior, 2 Coríntios 4.4-6, especialmente o versículo 6 ("Deus, que disse: Das trevas resplandecerá a luz, ele mesmo resplandeceu em nosso coração, para iluminação do conhecimento da glória de Deus, na face de Cristo" (2 Coríntios 4.6). Ele comenta sobre este versículo: "Nada pode ser mais evidente que o fato de que uma crença salvadora no evangelho é mencionada neste versículo, pelo apóstolo, como algo que surge da mente sendo iluminada para contemplar a glória divina das coisas que o evangelho exibe".[12]

OS ACONTECIMENTOS E AS PROMESSAS DO EVANGELHO TÊM O PROPÓSITO DE MOSTRAR A GLÓRIA DE DEUS

Tanto João Calvino como Jonathan Edwards enfatizam que a fé salvadora no evangelho tem de ser fundamentada no ato de o Espírito capacitar-nos a ver a glória de Deus na face de Cristo. Creio que eles deixam evidente o que ensinam 2 Coríntios 4.4-6 e muitos outros textos bíblicos.[13] Portanto, a glória de Deus na face de Cristo — ou seja, a glória de Cristo, que é a imagem de Deus — é essencial ao evangelho. Não é algo secundário ou dispensável. Paulo chama o evangelho de "o evangelho da glória de Cristo". Esta glória é o que os acontecimentos do evangelho têm o propósito de revelar. Se uma pessoa vem ao evangelho e vê os acontecimentos da Sexta-Feira da Paixão e da Páscoa e crê que eles aconteceram e podem trazer paz à mente, mas não vê e experimenta esta glória divina, essa pessoa não tem a fé salvadora.

---

12 *Ibid*, p. 298.
13 Por exemplo, Edwards cita Lucas 10.21-22, João 6.40; 17.6-8, Mateus 16.16-17 e Gálatas 1.14-16. *Ibid.*, p. 297.

*O evangelho — confirmado por sua glória,
o testemunho interno do Espírito Santo*

Ver a glória de Deus em Cristo, no evangelho, é essencial à conversão. Edwards expressou isto com toda a sua capacidade, enquanto lutava contra a dolorosa realidade pastoral das falsas conversões. Um crente professo pode ter muitas palavras corretas e não ter qualquer fruto espiritual. O que está errado? A mudança sobrenatural, das trevas para a luz, não aconteceu. Os efeitos do pecado e Satanás, que cegam o espírito humano, não foram removidos. Os olhos do coração ainda são incapazes de ver e experimentar a glória de Cristo, que é a imagem de Deus.

> Quando as pessoas são convertidas, elas são chamadas de uma região para outra, de uma região de trevas para a terra da luz... Na conversão, elas podem ver as coisas espirituais. Os convertidos são trazidos a uma visão das coisas sobre as quais antes eles apenas ouviam falar: uma visão de Deus, uma visão de Cristo, uma visão de pecado e de santidade, uma visão do caminho para a salvação, uma visão do mundo invisível e espiritual, uma visão da felicidade do gozo da parte de Deus e de seu favor, e uma visão do terror de sua ira... Eles são convencidos do ser de Deus, de um modo que nunca experimentaram antes... Estas coisas não lhes são confirmadas somente por meio do raciocínio;[14] eles são convencidos de que elas realmente existem porque vêem que elas existem.[15]

---

14 "... não ocorre que [uma pessoa] julga que as doutrinas do evangelho vêm de Deus sem qualquer argumento ou dedução; isso ocorre sem uma longa cadeia de argumentos; o argumento é apenas um, e a evidência, direta; a mente ascende à verdade do evangelho por um único degrau, e esse degrau é a glória divina do evangelho." *Ibid.*, p. 298.
15 Jonathan Edwards, "Christians a Chosen Generation", em *Sermons and Discourses 1730-1733*, em *The Works of Jonathan Edwards*, Vol. 17, ed. Mark Valeri (New Haven, Connecticut: Yale University Press, 1999), p. 322.

Agora, vamos enfatizar — visto que este é o tema deste livro — que estas coisas essenciais e divinas são vistas *no evangelho*. É verdade que *toda* a Escritura tem a marca da glória de Deus, pois Ele é o tema e o autor da Escritura. Mas nos acontecimentos da crucificação e ressurreição de Cristo (os terríveis e maravilhosos acontecimentos da Sexta-Feira Santa e da Páscoa), apresentados no evangelho, a glória de Deus brilha com maior esplendor. Por isso, é especialmente importante que pensemos sobre o evangelho em termos da revelação da glória de Deus. Ele designou o evangelho como o *principal* lugar em que sua glória seria revelada séculos após séculos. Jonathan Edwards afirma: "Ora, esta glória distinguidora do Ser divino tem sua mais resplendente aparência e manifestação nas coisas propostas e mostradas para nós *no evangelho*, nas doutrinas ali ensinadas, na palavra ali falada, nos conselhos, atos e obras divinas ali revelados".[16]

A importância de ver a glória de Cristo no evangelho se tornará mais clara e mais urgente, se considerarmos como esta verdade afeta a obra de evangelismo, missões e os multiformes ministérios da igreja em procurar mudar a vida das pessoas. Este é o assunto do próximo capítulo.

---

16 Jonathan Edwards, *Religious Affections*, p. 300. Ênfase acrescentada.

*Livrando-te do povo e dos gentios,
para os quais eu te envio, para lhes abrires
os olhos e os converteres das trevas para a luz e da potestade
de Satanás para Deus, a fim de que recebam eles remissão
de pecados e herança entre os que são
santificados pela fé em mim.*
ATOS 26.17-18

*E todos nós, com o rosto desvendado,
contemplando, como por espelho, a glória do Senhor,
somos transformados, de glória em glória, na sua
própria imagem, como pelo Senhor,
o Espírito.*
2 CORÍNTIOS 3.18

6

O EVANGELHO — A GLÓRIA DE CRISTO NO EVANGELISMO, MISSÕES E SANTIFICAÇÃO

O evangelho é a revelação da glória de Cristo, que é a imagem de Deus. O evangelho é a manifestação auto-autenticadora da luz do conhecimento da glória de Deus na face de Cristo. O maior bem no evangelho é o dom de ver e experimentar a glória de Deus em Cristo, para sempre. Isto é extremamente importante, se queremos usar o evangelho biblicamente no evangelismo, missões e no ministério da igreja em santificar os crentes. A santidade do crente e a conversão de pessoas perdidas depende de ver e experimentar a glória de Deus no evangelho.

A PREOCUPAÇÃO DE EDWARDS CONCERNENTE AOS INCRÉDULOS ILETRADOS

Poucas mentes têm superado a de Jonathan Edwards em grandeza de vigor intelectual, criatividade, percepção e compreensão. Mas Edwards tinha uma intensa preocupação com as pessoas comuns da Nova Inglaterra, com os índios no interior do país e com os mulçumanos no exterior. Ele ressaltou que essas pessoas simplesmente não seriam capazes de chegar a uma fé genuína e bem fundamentada no evangelho (descrita no capítulo anterior), se não viessem por meio de uma percepção espiritual da glória de Deus auto-autenticadora, manifestada no evangelho.

> A menos que os homens cheguem a uma convicção e persuasão concreta e racional da verdade do evangelho, por meio de evidências internas do evangelho, da maneira como este fala, ou seja, *por meio de uma visão da sua glória*, é impossível que os iletrados e não-familiarizados com a história tenham uma convicção completa e eficaz do evangelho.[1]

Edwards prossegue, ao considerar que poucas pessoas vêm à fé por meio de argumentos acadêmicos para a validade histórica da Bíblia:

> O evangelho não foi dado somente aos homens instruídos. Existem dezenove entre vinte, se não for noventa e nove entre cem, daqueles para os quais a Bíblia foi escrita que não são capazes de obter uma convicção segura ou eficaz da autoridade divina das Escrituras, por meio dos argumentos que os eruditos utilizam.[2]

E muito pior é o caso daqueles que "foram criados no paganismo" e não têm qualquer conhecimento da história do mundo, muito menos o conhecimento da Bíblia. Se cremos que a verdadeira convicção e certeza espiritual tem de esperar por argumentos históricos, isso "tornará infinitamente difícil a pregação do evangelho entre eles".[3]

---

[1] Jonathan Edwards, *Religious Affections*, ed. John E. Smith, em *The Works of Jonathan Edwards*, Vol. 2 (New Haven, Connecticut: Yale University Press, 1959), p. 303.
[2] *Ibid*, p. 304.
[3] *Ibid*.

O TIPO DE FÉ QUE SOBREVIVE À TORTURA NÃO SE ALICERÇA EM PROBABILIDADES

Mesmo que as pessoas pudessem ter um senso de grande probabilidade de que o evangelho é verdade, com base em argumentações históricas, isso não seria suficiente para sustentar alguém diante do sofrimento e tortura. Nos séculos passados, houve muitos crentes que sofreram, incluindo mulheres e crianças que tinham pouca ou nenhuma instrução, e viveram em tempos de grandes trevas espirituais. Mas quão maravilhosas são as histórias de como eles se entregaram à morte. Em vista desses milhares de santos dos quais o mundo não era digno, Edwards observa:

> A evidência que eles podem receber da história não é suficiente para dar uma convicção tão clara, evidente e segura que seja suficiente para induzi-los, com ousadia, a vender tudo, para confiantemente, se aventurarem à perda de todas as coisas, sem temor; e para suportarem os tormentos mais raros e duradouros, e desprezarem o mundo, considerando tudo como refúgio por causa de Cristo. Depois de tudo que os eruditos do passado lhes disserem, inumeráveis dúvidas permanecerão na mente deles. Eles estarão prontos a dizer, quando forem afligidos com grandes provas à sua fé: "Como sei disso ou daquilo? Como sei quando essas histórias foram escritas?"... Dúvidas intermináveis e escrúpulos permanecerão.[4]

Portanto, é crucial ao evangelismo e a missões entendermos que a fé verdadeira e salvadora está fundamentada em uma visão

---

4 *Ibid*, p. 303.

espiritual da glória de Deus, no evangelho. Isso terá um grande impacto na maneira como pensamos sobre missões e evangelismo. O impacto primário será deixar-nos certos de que o missionário e o evangelista são pessoas espirituais que vêem e experimentam a glória de Deus na face de Cristo.

CONTEM A VELHA, VELHA HISTÓRIA E OREM PELA AÇÃO DO ESPÍRITO

Evidentemente, isto não significa que deixaremos de contar a velha, velha história. Nós a contaremos bem e com freqüência. O centro do evangelho é a narrativa dos fatos concernentes à morte e ressurreição de Cristo. Isto é novas! Em seguida, há uma explicação do que esta morte e ressurreição fizeram em relação ao perdão dos pecados e esperança da vida eterna. Em tudo isso, existe o alvo e a oração para que a glória de Cristo resplandeça, porque esta glória é o que tem de ser visto, para que a fé tenha um fundamento firme e salvador. O Espírito Santo tem de realizar sua obra de vivificar, abrir os olhos, remover a cegueira e revelar a glória. O Espírito e a Palavra são essenciais. A história de Cristo tem de ser contada, e o Espírito de Cristo precisa ser triunfante. Veremos em seguida por que o Espírito não realiza sua obra salvadora sem a pregação do evangelho.

CONTEMPLAR A GLÓRIA DE CRISTO NO EVANGELHO PARA SE TORNAR SANTO

O evangelho é central não somente na conversão, mas também na transformação contínua do crente. Entender o propósito decisivo do evangelho como a revelação da glória de Cristo é a chave bíblica para a santidade do crente. Isto é evidente do contexto de 2 Coríntios 4.4-6, que tem sido tão fundamental à nossa argumentação neste livro. Quatro versículos antes, Paulo constrói o seu ensino da semelhança com Cristo sobre a convicção de que o evangelho revela "a glória de Cristo, o qual é a imagem de Deus" (4.4).

Paulo disse em 2 Coríntios 3.18: "E todos nós, com o rosto desvendado, *contemplando*, como por espelho, *a glória do Senhor*, somos transformados, de glória em glória, na sua própria imagem, como pelo Senhor, o Espírito". Observe três coisas:

1) O caminho para a semelhança com Cristo é *contemplar a glória do Senhor*. Contemplar é tornar-se. Somos transformados "na... imagem" do Senhor por fixarmos nossa atenção em sua glória. Diante de tudo o que vimos nos versículos seguintes, em 2 Coríntios 4.4-6, não há dúvida a respeito de como contemplamos "a glória do Senhor" e de quem é o Senhor. O Senhor é Cristo, e Ele é a imagem de Deus (4.4). Ou poderíamos dizer: o Senhor é Deus visto na face de Cristo (4.6). E o meio pelo qual contemplamos "a glória do Senhor" é "o evangelho da glória de Cristo". Não oramos para entrarmos em transe. Oramos por graça para meditarmos na plenitude do evangelho de Cristo, crucificado e ressuscitado.

Como se realiza esta transformação à imagem de Cristo? No final do versículo 18, Paulo diz: "Como pelo Senhor, o Espírito". Em palavras diferentes, isso descreve o que já vimos em 2 Coríntios 4.6: "Deus... resplandeceu em nosso coração, para iluminação do conhecimento da glória de Deus, na face de Cristo". Esta é a maneira como o Espírito Santo realiza a sua transformação contínua em nós. Ele não nos transforma de modo direto. Ele nos transforma ao nos capacitar a ver a glória de Cristo.

O ESPÍRITO REALIZA SUA OBRA USANDO O EVANGELHO QUE EXALTA A CRISTO

É essencial que entendamos isto, pois nos mostra o quanto o Espírito Santo exalta a Cristo. O Espírito Santo não fará a sua obra santificadora usando diretamente seu divino poder. Ele a fará tão- somente por fazer que a glória de Cristo seja a causa imediata da santificação. Esta é maneira como Ele age no evangelismo, bem como na santificação.

No evangelismo, o Espírito Santo abre os olhos dos pecadores para que vejam a glória de Cristo, que é fielmente proclamado no evangelho. Se Cristo não for proclamado e sua glória não for exaltada, o Espírito Santo não abrirá os olhos, pois não há uma revelação do Cristo glorioso para vermos. O Espírito Santo não realiza a sua obra à parte do evangelho, porque sua obra consiste em abrir nossos olhos, para vermos a Cristo manifestado no evangelho. E, enquanto o evangelho não é pregado, Cristo não está lá para ser visto. O Espírito Santo, podemos dizer, realiza sua obra perfeita por trás do evangelho que exalta a Cristo. O Espírito Santo faz sua obra miraculosa de abrir o coração para que Cristo seja visto e experimentado, quando Ele é pregado no evangelho.[5] O Espírito foi enviado para glorificar o Filho de Deus (Jo 16.14) e não salvará ninguém sem atrair a atenção à glória do Filho, no evangelho.

Isto também ocorre na santificação. Somos transformados na imagem de Cristo — este é o significado da santificação — por um constante ver e experimentar[6] a glória de Cristo. Isto também

---

5 Ver Atos 16.14: "Certa mulher, chamada Lídia, da cidade de Tiatira, vendedora de púrpura, temente a Deus, nos escutava; *o Senhor lhe abriu o coração para atender às coisas que Paulo dizia*". Esta é a obra do "Senhor, o Espírito" (2 Co 3.18) — para fixar a atenção espiritual naquele que é pregado, Jesus Cristo.

6 Eu incluo o "experimentar" ao "ver", embora somente o ver (contemplar) seja mencionado explicitamente em 2 Coríntios 3.18, porque o ver não pode ser indiferente ou desagradável — por duas razões: 1) este não é o tipo de ver que o Espírito Santo produz, e sim o tipo de ver que temos por Cristo antes que o Espírito faça a sua obra; mas nesse caso é o Espírito Santo que está produzindo o ver; 2) o ver que não é experimentar não nos muda à imagem de Cristo, porque não experimentar a Cristo poderia ser o oposto de não ser semelhante a Cristo. Não nos tornamos semelhantes a pessoas que vemos e não admiramos.

é feito pelo Senhor, que é o Espírito. Esta é a obra do Espírito Santo: resplandecer a luz da verdade na glória de Cristo, de modo que vejamos essa glória como ela realmente é, ou seja, infinitamente preciosa. A obra do Espírito Santo em nos transformar não consiste em agir diretamente sobre os nossos maus hábitos, e sim em fazer-nos admirar tanto a Jesus Cristo, que hábitos pecaminosos parecerão estranhos e desagradáveis. Meu objetivo não é apresentar isto em detalhes,[7] mas enfatizar que o evangelho faz esta obra, de maneira decisiva, por revelar a glória de Cristo, que é a imagem de Deus. Por conseguinte, se negligenciarmos a glória de Deus em Cristo como o maior dom do evangelho, mutilamos a obra de santificação da igreja.

ABSORVEMOS O QUE ADMIRAMOS

2) A dinâmica da transformação pessoal em 2 Coríntios 3.18 pressupõe que somos mudados naquilo que admiramos e fixamos nossa atenção. "*Contemplando... a glória do Senhor, somos transformados... na sua própria imagem.*" Por experiência, sabemos que isto é realmente assim. Olhar demoradamente, com admiração, produz mudança. De nossos heróis, copiamos maneiras, frases, tom de voz, expressões faciais, hábitos, comportamentos, convicções e crenças. Quanto mais admirável for o herói, e quanto mais intensa for a sua admiração, tanto mais profunda será a sua transformação. No caso de Jesus, Ele é infinitamente admirável, e nossa admiração se ergue até a mais absoluta adoração. Portanto, quando contemplamos a Jesus como deveríamos, a mudança é profunda.

---

7 Procurei detalhar esta batalha por transformação e gozo em *When I Don't Desire God* (Wheaton, Illinois: Crossway Books, 2004). Ver especialmente o capítulo intitulado "The Fight for Joy Is a Fight to See".

É claro que este assunto vai mais além do que isso. Os reflexos de imitação não constituem toda a história de como mudamos. Parte do que obtemos, em olhar para Jesus, no evangelho, é uma maneira de vermos todo o mundo. Essa visão do mundo nos mostra todos os nossos valores e molda profundamente nossa maneira de pensar e nossa tomada de decisões. Outra parte do que absorvemos é maior confiança nos conselhos e promessas de Jesus. Isto tem os seus próprios efeitos poderosos naquilo que temos, desejamos e escolhemos. Outra parte do que captamos por contemplar a glória de Cristo é maior deleite na comunhão com Ele e um anelo mais profundo de vê-Lo no céu. Isto tem seu próprio efeito libertador das tentações deste mundo. Tudo isso tem a sua maneira peculiar de nos transformar à semelhança de Cristo. Portanto, não devemos pensar que buscar a semelhança com Cristo não tem quaisquer outros componentes além do olhar para Jesus. Olhar para Jesus produz santidade juntamente com outros meios diferentes.[8]

SOMOS TRANSFORMADOS PROGRESSIVAMENTE

3) A transformação que resulta do contemplar a glória de Cristo, no evangelho, acontece progressivamente. "Contemplando, como por espelho, a glória do Senhor, somos transformados, *de glória em glória,* na sua própria imagem." Falar sobre nossa transformação em termos de "glória" demonstra que a glorificação cristã começa na conversão, não na morte ou na

---

8 Por exemplo, além de meu livro *When I Don't Desire God* (ver nota 7), que enfatiza o ver a Cristo, acrescentaria *The Purifying Power of Living by Faith in Future Grace* (Sisters, Oregon: Multnomah, 1995), que enfatiza o confiar nas promessas de Deus como uma maneira essencial de conformar nosso comportamento a Cristo. Estas promessas são parte da revelação da glória de Cristo, e a glória de Cristo é parte da razão por que aceitamos as promessas com tanta confiança.

ressurreição. De fato, na mente de Paulo, a santificação é a primeira fase da glorificação.[9]

Por isso, devemos pensar sobre a vida cristã como um conformar-se, mais e mais, à gloriosa pessoa de Cristo. O primeiro e mais importante significado dessa conformação é moral e espiritual. Vemos o próprio Cristo como infinitamente belo em suas perfeições morais e espirituais e, conseqüentemente, infinitamente valioso. Ele é o maior tesouro no universo. Nós O vemos dessa maneira e nos deleitamos em ter encontrado a fonte de todo prazer e o cofre do tesouro do regozijo santo.

E, quando contemplamos a Cristo, também compartilhamos, mais e mais, da percepção espiritual de Cristo a respeito do Pai e do mundo. Cada vez mais, passamos a ver a preciosidade de Deus conforme Cristo a vê. E vemos que a glória do Pai e a do Filho são uma única glória. Não há escolha de uma em detrimento da outra. Eles se tornaram um Deus nas afeições de nosso coração.

Quando contemplamos a glória de Cristo, no evangelho, e experimentamos a sua pureza, chegamos a ver o pecado como repugnante e a salvação como magnificente. Não vemos mais as pessoas, como disse Paulo, "segundo a carne" (2 Co 5.16), mas com um amor que "tudo sofre, tudo crê, tudo espera, tudo suporta" (1 Co 13.7). Não desesperamos de ninguém, porque, apesar da depravação humana, "para Deus tudo é possível" (Mt 19.26). E não vemos mais a cultura com olhos de sedução ou desespero, mas com olhos de esperança. O Cristo soberano e

---

9 Esta é provavelmente a razão por que o termo santificação está ausente na corrente de ouro de Romanos 8.30: "E aos que predestinou, a esses também chamou; e aos que chamou, a esses também justificou; e aos que justificou, a esses também glorificou". Quando Paulo salta diretamente da justificação para a glorificação, ele não está ignorando a santificação, porque, em sua mente, esse processo é sinônimo da primeira fase da glorificação e começa na conversão.

vivo reivindicará, um dia, este mundo para Si mesmo. Nosso espírito é despertado e fortalecido por contemplar a glória de Cristo e sua paixão por fazer todas as coisas servirem à glória de seu Pai.[10]

DE UM GRAU AO OUTRO, AMAMOS COMO CRISTO

Visto que nossa percepção espiritual de todas as coisas muda por mantermos a Cristo em nossa permanente contemplação, nossa conformidade com Ele se torna bastante prática. Nosso comportamento muda. "Novo mandamento vos dou", disse Jesus, "que vos ameis uns aos outros; *assim como eu vos amei*, que também vos ameis uns aos outros. Nisto conhecerão todos que sois meus discípulos: se tiverdes amor uns aos outros" (Jo 13.34-35). Quando contemplamos a glória do Senhor, no evangelho, a glória de suas perfeições morais se tornam, cada vez mais, nosso desejo e experiência, especialmente a glória de seu amor pelos inimigos. "Andai em amor, como também Cristo nos amou e se entregou a si mesmo por nós, como oferta e sacrifício a Deus, em aroma suave" (Ef 5.2). "Assim como o Senhor vos perdoou, assim também perdoai vós" (Cl 3.13). "Tende em vós o mesmo sentimento que houve também em Cristo Jesus... a si mesmo se humilhou, tornando-se obediente até à morte e morte de cruz" (Fp 2.5, 8). À medida que fixamos a atenção de nossa mente e as afeições de nosso coração na glória do amor de Cristo, nos tornamos mais e mais amáveis.

---

10 João 17.1, 4: "Levantou os olhos ao céu e disse: Pai, é chegada a hora; glorifica a teu Filho, para que o Filho te glorifique a ti... Eu te glorifiquei na terra, consumando a obra que me confiaste para fazer". João 12.27-28: "Agora, está angustiada a minha alma, e que direi eu? Pai, salva-me desta hora? Mas precisamente com este propósito vim para esta hora. Pai, glorifica o teu nome".

DE GLÓRIA EM GLÓRIA INTERIORMENTE E NÃO EXTERIORMENTE – POR ENQUANTO

Esta transformação crescente, de glória em glória, não se aplica ao corpo físico nesta época. Embora, de tempos em tempos, Deus cure o seu povo de suas doenças nesta vida, dando-nos assim um gozo antecipado da glória física por vir,[11] a experiência de todos os crentes, nesta vida, é a de envelhecimento progressivo, enfraquecimento e decadência da saúde, bem como a morte.

O apóstolo Paulo afirmou com muita clareza que isto é uma parte da experiência cristã, enquanto aguardamos "a redenção do nosso corpo". "E não somente ela [a criação], mas também nós, que temos as primícias do Espírito, igualmente gememos em nosso íntimo, aguardando a adoção de filhos, a redenção do nosso corpo" (Rm 8.23). Mas Paulo imediatamente ressaltou que, em tempo simultâneo a esta decadência exterior, há uma renovação interior, de glória em glória, enquanto contemplamos a glória de Cristo. Isso está explícito com beleza e pesar em 2 Coríntios 4.16-18:

> Por isso, não desanimamos; pelo contrário, mesmo que o nosso homem exterior se corrompa, contudo, o nosso homem interior se renova de dia em dia. Porque a nossa leve e momentânea tribulação produz para nós eterno peso de glória, acima de toda comparação, não atentando nós nas coisas que se vêem, mas nas que se não vêem; porque as que se vêem são temporais, e as que se não vêem são eternas.

A correspondência entre esta passagem e 2 Coríntios 3.18 é instrutiva. Ser renovado "de dia em dia" faz parte do ser transfor-

---

11 Talvez seja a isto que se refere Hebreus 6.5, quando diz que alguns "provaram a boa palavra de Deus e *os poderes do mundo vindouro*".

mado "de glória em glória". E atentar nas coisas "que se não vêem" inclui contemplar "a glória do Senhor" - porque "a glória do Senhor", na mente de Paulo, pertence à categoria das coisas "que se não vêem" por meio dos olhos físicos.[12] Ver a glória invisível de Cristo, no evangelho, é a chave para a transformação interior, de dia em dia, de glória em glória.

Entretanto, esta transformação interior é o primeiro passo em direção à transformação total, incluindo a transformação de nosso corpo. "Se habita em vós o Espírito daquele que ressuscitou a Jesus dentre os mortos, esse mesmo que ressuscitou a Cristo Jesus dentre os mortos vivificará também o vosso corpo mortal, por meio do seu Espírito, que em vós habita" (Rm 8.11). Ser conformado à imagem de Cristo incluirá, no devido tempo, conformidade com o seu corpo glorioso - "A nossa pátria está nos céus, de onde também aguardamos o Salvador, o Senhor Jesus Cristo, o qual *transformará o nosso corpo de humilhação, para ser igual ao corpo da sua glória*" (Fp 3.20, 21). "E, assim como trouxemos a imagem do que é terreno, devemos trazer também a imagem do celestial" (1 Co 15.49).

CONTEMPLAÇÃO TOTAL SIGNIFICARÁ TRANSFORMAÇÃO TOTAL

A glorificação final do corpo não está desconectada da contemplação da glória do Senhor – nem agora, nem no futuro. Somente por contemplarmos a glória do Senhor, somos mantidos no caminho que conduz ao Cristo glorificado. Existe uma "santificação, sem a qual ninguém verá o Senhor" (Hb 12.14). Essa santifica-

---

12 Quando Paulo afirmou em 2 Coríntios 5.7 que "andamos por fé e não pelo que vemos", ele não estava dizendo que não contemplamos "a glória do Senhor", e sim que não atentamos "nas coisas que se vêem, mas nas que se não vêem" (2 Co 4.18).

ção é a nossa trans- formação "de glória em glória" e se realiza por focalizarmos a glória de Cristo, no evangelho. Portanto, nosso encontro final com Cristo e nossa transformação final na gloriosa imagem dele depende *agora* de contemplarmos a glória do Senhor.

Mas a conexão entre contemplarmos glória de Deus na face de Cristo e sermos transformados finalmente e fisicamente permanece verdadeira até no final. Isto é expresso em 1 João 3.2: "Amados, agora, somos filhos de Deus, e ainda não se manifestou o que haveremos de ser. Sabemos que, *quando ele se manifestar, seremos semelhantes a ele, porque haveremos de vê-lo como ele é*".[13] A consumação de nossa transformação ocorrerá no término de nossa contemplação. Ver o Senhor Jesus "como Ele é" implica que a maneira como O vemos agora é incompleta. "Porque, agora, vemos como em espelho, obscuramente; então, veremos face a face. Agora, conheço em parte; então, conhecerei como também sou conhecido" (1 Co 13.12).

NÃO EXISTE EVANGELHO NEM SALVAÇÃO ONDE A GLÓRIA DE DEUS NÃO É MANIFESTADA E VISTA

A forte ênfase destes pensamentos bíblicos está na glória de Deus resplandecendo na face de Cristo, por meio do evangelho. Esta reve- lação da glória de Deus, no evangelho, é o alicerce e o instrumento de nossa glorificação presente e futura. O efeito intencional destas passagens é tornar impossível pensarmos que nossa conversão, nos- so caráter e nossa perfeição acontecem à parte de vermos a glória de Deus no evangelho. O propósito do evangelho – tanto

---

13 O vocábulo "ele", neste contexto, refere-se a Deus Pai. Mas todo o fluxo do pensamento de Paulo em 2 Coríntios 3.18-4.6 tem o objetivo de mostrar que a glória do Pai resplandece na face de Cristo, e a glória de Cristo é a glória do Pai. Portanto, não estou fazendo distinção neste parágrafo.

os aconteci- mentos centrais da Sexta-Feira da Paixão e da Páscoa como a sua proclamação no mundo - é tornar a glória de Deus em Cristo o alicer- ce e o instrumento de toda a salvação, santificação e glorificação. Não existe evangelho onde a glória de Deus em Cristo não é mostra- da. E não existe salvação por meio do evangelho onde a glória de Deus em Cristo não é vista.

Há mais um texto no Novo Testamento que relaciona, de modo explícito, o evangelho com a glória de Deus. É uma das des- crições mais incomuns da relação de Deus com o evangelho, em toda a Bíblia. No próximo capítulo, consideraremos esse texto.

*Não se promulga lei para quem
é justo, mas para transgressores e rebeldes..
e para tudo quanto se opõe à sã doutrina,
segundo o evangelho da glória
do Deus bendito.*
1 TIMÓTEO 1.9-11

7
O EVANGELHO — A GLÓRIA DA FELICIDADE DE DEUS

Uma das mais simples e profundas descrições do evangelho, no Novo Testamento, ocorre em 1 Timóteo 1.11. Paulo estava descrevendo o uso correto da lei do Antigo Testamento como um instrumento para expor e restringir o pecado. Ele listou doze erros em particular e acrescentou: "Tudo quanto se opõe à sã doutrina". Depois, ele prossegue, utilizando mais uma frase qualificadora: *"Segundo o evangelho da glória do Deus bendito"* (1 Tm 1.11).[1] William Mounce comentou que as palavras "evangelho da glória" não deveriam ser traduzidas por "evangelho glorioso", como o fazem muitas versões modernas. "Pelo contrário, τῆς δόξης [a

---

1 Algumas versões bíblicas tratam a expressão "da glória", em "evangelho da glória do Deus bendito", como adjetivo, traduzindo-a "o *glorioso* evangelho do Deus bendito". Mas isto não é necessário porque todas essas versões traduzem a expressão semelhante em 2 Coríntios 4.4 como "o evangelho *da glória* de Cristo", e não como "o glorioso evangelho de Cristo". Concordo com Henry Alford no fato de que todas as versões deveriam seguir, no entendimento de 1 Timóteo 1.11, o mesmo princípio literal que seguiram em 2 Coríntios 4.4. "Nesta passagem [1 Timóteo 1.11], toda propriedade e beleza da expressão é destruída por sua tradução como adjetivo. O evangelho é 'as boas-novas alegres da glória de Deus', como em 2 Coríntios 4.4, visto que nos revela a Deus em toda a sua glória" — Henry Alford, *The Greek Testament*, vol 3 (Chigaco: Moody Press, 1958), p. 307. De modo semelhante, J. N. D. Kelly escreveu: "O evangelho nos mostra a glória do Deus bendito (esta tradução é preferível a 'glorioso evangelho'...), porque, em contraste com a lei, que serve apenas para trazer à luz a pecaminosidade do homem, o evangelho revela, na pessoa de Cristo, o poder, a majestade e a compaixão de Deus" (*A Commentary on the Pastoral Epistles* (Londres: Adam e Charles Black, 1963), p. 51.

glória] é o verdadeiro conteúdo do evangelho, ou seja, 'o evangelho que nos fala sobre a glória de Deus'".²

O evangelho revela a glória de Deus. O argumento deste livro é que esta revelação é exatamente o que torna o evangelho boas-novas e que não existem boas-novas, se a glória de Deus não é vista no evangelho. Em outras palavras, a glória de Deus não é secundária ou dispensável, e sim essencial em tornar boas as boas-novas.

A FELICIDADE DE DEUS É UM DOS GRANDES ASPECTOS DE SUA GLÓRIA

Em 1 Timóteo 1.11, Paulo focalizou o evangelho como a "glória do Deus *bendito*". A palavra traduzida "bendito", nesta expressão, (makarivou) é a mesma que ocorre nas bem-aventuranças de Jesus, em Mateus 5.3-11. "Bem-aventurados os humildes de espírito, porque deles é o reino dos céus. Bem-aventurados os que choram, porque serão consolados. Bem-aventurados os mansos, porque herdarão a terra." E assim por diante. A palavra significa "feliz" ou "afortunado". Paulo mesmo usa esta palavra em outras passagens para falar sobre a felicidade das pessoas que têm seus pecados perdoados (Rm 4.7) ou das pessoas que têm uma consciência pura (Rm 14.22). É admirável que, em todo o Antigo e o Novo Testamento, somente neste versículo e em 1 Timóteo 6.15³ a palavra se refere a Deus. É evidente que Paulo havia feito algo incomum, chamando a Deus de *makarios* — feliz.⁴

---

2 William Mounce, *Pastoral Epistles* (Nashville: Thomas Nelson, 2000), p. 43.
3 1 Timóteo 6.15 diz: "A qual, em suas épocas determinadas, há de ser revelada pelo *bendito* [makavrioV] e único Soberano, o Rei dos reis e Senhor dos senhores".
4 Todas as passagens onde Deus é chamado "bendito", no restante do texto grego da Bíblia, usa-se outra palavra para expressar a idéia de "bendito" — [eulogetos, e não makarios]. "*Bendito* seja o SENHOR" é uma tradução de εὐλογητός. κύριος (Sl 41.13 = Sl 40.4, na Septuaginta), mas "bem-aventurado o homem" traduz μακάριος ἀνήρ (Sl 1.1).

Podemos aprender da expressão "a glória do Deus bendito" que grande parte da glória de Deus é a sua felicidade.[5] Era inconcebível para o apóstolo que se pudesse negar a Deus infinito regozijo e que Ele ainda fosse todo-glorioso. Ser infinitamente glorioso era ser infinitamente feliz. Paulo usou a expressão "a glória do Deus bendito" porque era glorioso para Deus ser tão feliz como Ele é. A glória de Deus consiste, em grande parte, de que Ele é feliz acima de toda a nossa imaginação.

SEM UM DEUS FELIZ NÃO HÁ EVANGELHO

Ainda de maneira mais notável, Paulo disse que isto faz parte do evangelho — "*o evangelho* da glória do Deus bendito". Uma das partes essenciais do que torna *boas* novas o evangelho da morte e ressurreição de Cristo é que o Deus revelado no evangelho é infinitamente alegre. Ninguém gostaria de passar a eternidade com um Deus infeliz. Se Deus fosse infeliz, então, o alvo do evangelho não seria um alvo feliz; e isso significa que não haveria evangelho, de maneira alguma. Mas, de fato, Jesus nos convida a passarmos a eternidade com um Deus supremamente feliz, quando Ele nos diz — o que dirá no fim dos tempos — "Entra no gozo do teu senhor" (Mt 25.23). Jesus viveu e morreu para que o seu gozo — o gozo de Deus — estivesse em nós e fosse completo (Jo 15.11; 17.13). Por conseguinte, o evangelho é "o evangelho do Deus bendito [feliz]".

POR QUE É BOM TER UM DEUS FELIZ NO EVANGELHO?

Tenho de ser cuidadoso nesta altura, para que não comece a escrever o livro que já escrevi — *The Pleasures of God: Meditations*

---

5 Quanto a uma abordagem mais abrangente sobre a felicidade de Deus, ver *The Pleasures of God*, por John Piper (Sisters, Oregon: Multmonah, 2000). Neste ponto, faço uso de coisas que escrevi ali.

on God's Delight in Being God (Os Prazeres de Deus: Meditações sobre o Deleite de Deus em Ser Deus). Mas preciso apresentar pelo menos uma das idéias desse livro. Um dos fundamentos do gozo de Deus é tão essencial, para assimilarmos aquilo que é extremamente bom no evangelho, que tenho de explicá-lo aqui.

A felicidade de Deus é, antes de tudo, uma felicidade em seu Filho.[6] Assim, quando compartilhamos da felicidade de Deus, compartilhamos do próprio prazer que o Pai tem no Filho. Em última instância, isto é o que torna o evangelho em boas-novas. Abre o caminho para que vejamos e experimentemos a glória de Cristo. E, quando atingirmos esse alvo final, estaremos desfrutando o Filho com a mesma felicidade que o Pai tem no Filho.

Esta é a razão por que Jesus tornou o Pai conhecido para nós. No final de sua grande oração, em João 17.26, Jesus disse ao seu Pai: "Eu lhes fiz conhecer o teu nome e ainda o farei conhecer, a fim de que o amor com que me amaste esteja neles, e eu neles esteja". O amor que Deus tem pelo Filho estará em nós. Ou seja, o amor para com o Filho, o amor que estará em nós, será o amor do Pai pelo Filho. Não amaremos o Filho apenas com nossa desprezível capacidade de amar. Pelo contrário, nosso amor pelo Filho será infundido com o divino amor que existe entre o Pai e o Filho. Por isso, devemos compreender de João 17.26 que Jesus tornou Deus conhecido para que o prazer de Deus em seu Filho estivesse em nós e se tornasse nosso prazer em Cristo.

Imagine: sermos capazes de desfrutar para sempre daquilo que é infinitamente repleto de regozijo, com vigor e afeição ilimitados. Esta não é a nossa experiência agora. Três coisas se mantêm no caminho de nossa completa satisfação neste mundo. Uma delas

---

[6] Quanto a uma defesa e explanação desta verdade, ver o capítulo "The Pleasure of God in His Son". *Ibid.*, pp. 25-46.

é que nada deste mundo tem valor suficiente para satisfazer os mais profundos anelos de nosso coração. Outra é que não temos o vigor necessário para experimentarmos os melhores tesouros no seu valor máximo. E o terceiro obstáculo à completa satisfação é que nossas alegrias neste mundo se acabam. Nada permanece.

No entanto, se o alvo do evangelho — o alvo de Jesus em João 17.26 e de Paulo em 1 Timóteo 1.11 e 2 Coríntios 4.4-6 — se realizar, tudo isto mudará. Se o prazer de Deus no Filho tornar--se nosso prazer, então, o objeto de nosso prazer — Jesus — será inesgotável em valor pessoal. Ele nunca se tornará enfadonho, desapontador ou frustrante. Não se pode conceber um tesouro maior que o próprio Filho de Deus. Além disso, nossa capacidade de experimentar este tesouro inesgotável não será limitada pela fraqueza humana. Desfrutaremos do Filho de Deus com o mesmo gozo de seu Pai onipotentemente feliz. O deleite de Deus em seu Filho estará em nós e será nosso. E isso nunca acabará, porque o Pai e o Filho jamais acabam. O amor que têm Um pelo Outro será o nosso amor por eles e esse amor nunca morrerá.

Esta é a razão crucial por que o evangelho é boas-novas. Se isto não fosse verdadeiro para o povo de Deus, não haveria boas--novas. Portanto, a pregação do evangelho tem de se empenhar para levar as pessoas a isto. Temos de deixar bem claro para elas que, se a esperança delas está aquém de verem e experimentarem a glória de Deus em Cristo, elas não estão fixando seu coração na principal e melhor coisa que Cristo obteve por sua morte — ver e experimentar a glória de Deus na face de Cristo, com gozo eterno e sempre crescente.

*Porque a tristeza segundo Deus
produz arrependimento para a salvação, que a ninguém
traz pesar; mas a tristeza do mundo produz morte.*
2 CORÍNTIOS 7.10

*Embora Deus exija uma
profunda tristeza pelo pecado como elemento
essencial à salvação, a própria natureza dessa tristeza envolve
necessariamente deleite. O arrependimento do pecado é uma tristeza
que surge da contemplação da excelência e da misericórdia
de Deus, mas a apreensão da excelência ou da misericórdia
tem de produzir, de maneira imprescindível e inevitável,
prazer na mente do contemplador...
Ainda que pareça um grande paradoxo, é verdade que
o arrependimento é uma tristeza agradável.
Portanto, quanto mais houver dessa tristeza,
tanto mais prazer haverá.*
JONATHAN EDWARDS

8
O EVANGELHO — A GLÓRIA DE CRISTO COMO FUNDAMENTO DA CONTRIÇÃO QUE EXALTA A CRISTO

CONTRIÇÃO PRODUZIDA PELO EVANGELHO COMO ECO DA GLÓRIA DE CRISTO

Uma maneira surpreendente de ver que Deus é o evangelho é penetrarmos no âmago de uma contrição produzida pelo evangelho. Aqueles que têm lidado profundamente com o seu próprio pecado, em relação ao evangelho, conhecem o paradoxo de que as boas-novas de perdão despertam o sofrimento de remorso, bem como a alegria da libertação. Somente um gozo superficial não passa por tristeza pelo pecado, em seu caminho para a grande emoção de ser perdoado.

Uma das razões por que muitos crentes parecem não sentir emoção ao serem perdoados por meio do evangelho é que eles não tiveram o coração contristado para com o pecado. Não se desesperaram. Não lutaram com auto-repugnância. Não se entristeceram a respeito de seu pecado por causa de sua repugnância moral; entristeceram-se apenas por causa dos sentimentos de culpa e da ameaça do inferno. Neste capítulo, a pergunta para nós é esta: de que maneira a contrição produzida pelo evangelho revela a verdade de que o bem final e todo-importante do evangelho é o ver e o experimentar a glória de Cristo?

JONATHAN EDWARDS AUXILIA-ME NOVAMENTE

Mais uma vez, encontro grande ajuda da parte de Jonathan Edwards. A maior lição que aprendi de Edwards é que Deus é revelado com maior beleza e valor quando o seu povo O vê claramente no evangelho e se deleita nele acima de todas as coisas. Em outras palavras, Deus é mais glorificado em nós quando mais nos satisfazemos nele.[1] Isto significa que você nunca tem de escolher entre seu maior gozo e a maior glória de Deus.

---

1 Em seus escritos, Edwards esclareceu isto:
Deus glorifica-se a Si mesmo diante de suas criaturas... em duas maneiras: 1. por manifestar-se ao... entendimento delas; 2. por comunicar-se ao coração delas, no regozijarem-se, deleitarem-se e desfrutarem das manifestações que Ele faz de Si mesmo... *Deus é glorificado não somente por sua glória ser vista, mas também por suas criaturas se regozijarem nesta glória.* Deus é mais glorificado quando aqueles que vêem sua glória se deleitam nela do que quando eles apenas a vêem. A glória de Deus é, então, recebida por toda a alma, tanto pelo entendimento como pelo coração. Deus fez o mundo para que fortemente comunicasse, e as criaturas para que recebessem, a sua glória; e que esta glória seja recebida poderosamente tanto pela mente como pelo coração. Aquele que testifica suas idéias a respeito da glória de Deus [não] glorifica a Deus tanto quanto aquele que também testifica sua aprovação desta glória e seu deleite nela. Jonathan Edwards, *The "Miscellanies"*, em *The Works of Jonathan Edwards*, Vol. 13, ed. Thomas Schafer (New Haven, Connecticut: Yale University Press, 1994), p. 495. Misecellany #448; ver também #87 (pp. 251-252); #332 (p. 410); #679 (não se encontra no volume de New Haven). Ênfase acrescentada.
Ver também os comentários de Benjamim Warfield sobre a primeira pergunta do Catecismo de Westminster. A resposta: "O principal objetivo do homem é glorificar a Deus e desfrutá-Lo para sempre" é seguida por este comentário: "Não se desfruta a Deus, certamente, sem glorificá-Lo, pois, como pode ser desfrutado Aquele a quem a glória pertence inerentemente e não ser, ao mesmo tempo, glorificado? Mas, com certeza, não podemos glorificá-Lo sem desfrutá-Lo — pois, como pode ser glorificado Aquele cuja glória consiste de suas perfeições, se Ele não pode ser desfrutado?" — Benjamim Warfield, "The First Question of the Westminster Shorter Cathecism", em *The Westminster Assembly and Its Work*, em *The Works of Benjamim Warfield*, Vol. 6 (Grand Rapids, Michigan: Baker, 2003), p. 400.

A questão é: como isto se relaciona às tristezas imprescindíveis à vida cristã, especialmente à tristeza da contrição produzida pelo evangelho? Como o evangelho da glória de Deus na face de Cristo (2 Co 4.6) se relaciona à tristeza da contrição? Ou, tornando a questão ainda mais saliente: como o experimentar a glória de Deus no evangelho se relaciona à tristeza de remorso pelo pecado produzida pelo evangelho? Ao fazer esta pergunta, colocamos à prova nossa conclusão anterior. Se estamos certos em nossa argumentação sobre Deus e o evangelho, o resultado deve ser confirmação.

A TRISTEZA RESULTA DA CONTEMPLAÇÃO DA GLÓRIA DO DEUS TODO-SATISFATÓRIO

Em um sermão de 1723, intitulado "The Pleasantness of Religion" (*O Deleite da Religião*)[2] Edwards abordou esta pergunta: como a centralidade do experimentar a glória de Deus, no evangelho, se relaciona à dor da contrição produzida pelo evangelho? Eis a percepção de Edwards:

> Existe arrependimento de pecado: embora Deus exija uma profunda tristeza pelo pecado como elemento essencial à salvação, a própria natureza dessa tristeza necessariamente implica em deleite. *O arrependimento do pecado é uma tristeza que surge da contemplação da excelência e da misericórdia de Deus*, mas a apreensão da excelência ou da misericórdia tem de produzir, de maneira impres-

---

2 Jonathan Edwards, "The Pleasantness of Religion", em *The Sermons of Jonathan Edwards: A Reader* (New Haven, Connecticut: Yale University Press, 1999), p. 15. A tese de Edwards neste sermão era: "Viver como cristão valeria a pena, se acontecesse tão somente por causa do deleite de ser cristão", fundamentado em Provérbios 24.13-14.

cindível e inevitável, prazer na mente do contemplador. É impossível alguém ver algo que lhe pareça excelente e não contemplá-lo com prazer. É impossível sermos afetados pela misericórdia e o amor de Deus, bem como por sua disposição de ser misericordioso para conosco e de amar--nos, sem sermos afetados por prazer ante as reflexões sobre esta disposição. Mas é o próprio ser afetado que gera arrependimento verdadeiro. Ainda que pareça um grande paradoxo, é verdade que o arrependimento é uma tristeza agradável. Portanto, quanto mais houver dessa tristeza, tanto mais prazer haverá.[3]

Isto é admirável e verdadeiro. Edwards está dizendo que, para trazer as pessoas à tristeza do arrependimento e à contrição, primeiramente você tem de fazê-las verem a glória de Deus como o tesouro e o deleite delas. Isto é o que acontece no evangelho. O evangelho é a revelação da "glória de Cristo, o qual é a imagem de Deus" (2 Co 4.4). A verdadeira tristeza pelo pecado é mostrada pelo evangelho, como ela realmente é — o erro de não experimentar "a glória de Deus, na face de Cristo" (2 Co 4.6). A tristeza da verdadeira contrição é a tristeza por não termos a Deus como nosso tesouro todo-satisfatório. Mas, para nos sentirmos tristes por não experimentarmos a glória de Deus, temos de ver a Deus como nosso tesouro e doçura. Para nos entristecermos por não nos deleitarmos em Deus, Ele tem de tornar-se um deleite para nós.

---

3 *Ibid.*, pp. 18-19. Ênfase acrescentada. Edwards afirmou, de modo semelhante, em outra de suas obras, que "o mesmo sabor que experimenta a doçura do verdadeiro bem moral experimenta o amargor do mal" — *Religious Affections*, ed. John E. Smith, em *The Works of Jonathan Edwards*, Vol. 2 (New Haven, Connecticut: Yale University Press, 1959), p. 301.

AS SEMENTES DE DELEITE PRODUZEM O FRUTO DA TRISTEZA

Como isto aconteceu? De que modo Deus se tornou o nosso tesouro todo-satisfatório? Aconteceu por meio do evangelho. O evangelho revelou a glória de Deus em Cristo. Nós a vimos. Fomos despertados para a beleza e valor dele. As sementes de deleite foram semeadas; e o fruto que elas produziram foi tristeza — tristeza por nunca havermos experimentado a glória de Deus. Paradoxalmente, isto significa que o verdadeiro arrependimento e contrição, alicerçados no evangelho, são precedidos pelo despertar de um deleite em Deus. Para lamentarmos de modo salvífico por não possuirmos a Deus como nosso tesouro, Ele tem de tornar-se precioso para nós. O evangelho produz tristeza pelo pecado por criar um gosto por Deus.

COMO DAVID BRAINERD QUEBRANTOU O CORAÇÃO DOS ÍNDIOS E OS TORNOU FELIZES

Vinte e seis anos depois de haver pregado o sermão "The Pleasantness of Religion" (*O Deleite da Religião*), Jonathan Edwards publicou o diário de David Brainerd, o jovem missionário que serviu entre os índios americanos e morreu em 1747, com a idade de vinte e nove anos. Edwards usou esta oportunidade para ilustrar com base na vida real o que ele tinha ensinado a respeito da relação entre a glória do evangelho e a tristeza da contrição.

Em 9 de agosto de 1745, Brainerd pregou para os índios de Crossweeksung (Estado de Nova Jérsei) e fez a seguinte observação:

> Enquanto eu pregava, houve muitas lágrimas entre eles... Alguns mostraram-se muito comovidos diante de algumas

palavras... de maneira poderosa... levando-os a chorarem de angústia de alma, *embora eu não houvesse dito qualquer palavra ameaçadora, pelo contrário, apresentei-lhes a plenitude e a auto-suficiência dos méritos de Cristo*, bem como a sua disposição em salvar todos quantos viessem a Ele, instando-os a vir a Cristo sem demora.[4]

Em 30 de novembro daquele mesmo ano, Brainerd pregou sobre Lucas 16.19-26, referindo-se ao homem rico e a Lázaro:

A Palavra exerceu um poderoso efeito sobre muitos dentre a assembléia, especialmente quando falei sobre a felicidade de Lázaro no "seio de Abraão" (Lucas 16.22). Pude perceber que isso os afetou muito mais do que quando falei sobre as misérias e tormentos do rico; e assim tem acontecido costumeiramente... *Parece que os índios se comovem muito mais com as verdades consoladoras do que com as verdades ameaçadoras da Palavra de Deus.* O que mais afligira muitos deles, sob convicção, é que eles chegavam a querer *a felicidade dos justos*, sem poder adquiri-la.[5]

Isto é exatamente o que Edwards pregara vinte e dois anos antes. A princípio, isto parece bastante estranho. Uma pessoa tem de provar a felicidade de ver a Deus no evangelho, antes de poder sentir-se verdadeiramente triste por não ter mais dessa felicidade. Não existe contradição entre a necessidade de tristeza pelo pecado e a necessidade de ver e experimentar a glória de Deus no

---

4 Jonathan Edwards, *A Vida de David Brainerd* (Editora Fiel, São José dos Campos, São Paulo, 1993), p. 110. Ênfase acrescentada.
5 *Ibid.*, p. 138. Ênfase acrescentada.

evangelho. O prazer de ver a Deus no evangelho é um pré-requisito para a tristeza santa por havermos menosprezado, por tanto tempo, esss doçura.

SOMENTE A TRISTEZA FUNDAMENTADA NO GOZO HONRA A DEUS

A implicação desta verdade na pregação do evangelho é que Deus mesmo tem de ser mostrado como a boa-nova essencial do evangelho. Se as pessoas não são despertadas para a preciosidade de Deus e a beleza de sua glória na face de Cristo, a tristeza da contrição delas não se deverá ao erro de não apreciarem a Deus, nem valorizarem a glória dele; se deverá ao temor do inferno, ou à tolice de seu comportamento anterior, ou ao desperdício de suas vidas. Mas nenhum desses fundamentos para a contrição, por si mesmos, honram a Deus.

O QUE É O AMOR DESINTERESSADO? PRAZER EM DEUS MESMO

Alguém que conhece um pouco sobre Jonathan Edwards pode levantar uma questão neste ponto. Talvez diga: "Sua maneira de falar sobre o evangelho não parece fiel à maneira como Edwards falou. Você fala a respeito de apreciar, louvar e experimentar a Deus no evangelho. Estas palavras parecem sugerir um forte desejo de encontrar prazer ou felicidade em Deus. Mas Edwards se referiu a um amor 'desinteressado' para com Deus. Você está sendo realmente fiel a Edwards e ao apóstolo Paulo na maneira como fala a respeito de respondermos ao evangelho?"

Em resposta a esta boa pergunta, eu diria: é verdade que Edwards usou a expressão "amor desinteressado" em referência a Deus.

> Tenho de deixar que cada um julgue por si mesmo... no que concerne à humanidade, quão pouco existe deste desinteressado amor por Deus, esta pura afeição divina, no mundo.⁶
>
> Não existe outro amor tão acima do egoísmo como o amor cristão; não existe outro amor que é tão espontâneo e desinteressado. Deus é amado por aquilo que Ele mesmo é e por causa de Si mesmo.⁷

No entanto, a chave para entendermos o significado das palavras de Edwards encontra-se nesta última citação. Amor desinteressado para com Deus é amar a Deus "por aquilo que Ele mesmo é e por causa de Si mesmo". Em outras palavras, Edwards usou a expressão "amor desinteressado" para designar o amor que se deleita em Deus, por causa da própria grandeza e beleza dele, e para distingui-lo do amor que se deleita apenas nos dons de Deus. Amor desinteressado não é amor sem prazer. É amor cujo prazer está no próprio Deus.

ENTRETENIMENTO AGRADÁVEL E DESINTERESSADO

De fato, Jonathan Edwards diria não existir amor para com Deus que não inclua deleite em Deus. Portanto, se existe um amor desinteressado para com Deus, existe deleite desinteressado em Deus.

E isto é exatamente o que Edwards pensava. Por exemplo, ele disse:

---

6 Jonathan Edwards, *Original Sin*, em *The Works of Jonathan Edwards*, Vol. 3, ed. Clyde A. Holbrook (New Haven, Connecticut: Yale University Press, 1970), p. 144.
7 Jonathan Edwards, *Charity and Its Fruits*, em *Ethical Writings*, em *The Works of Jonathan Edwards*, vol. 8, ed. Paul Ramsey Pettit (New Haven, Connecticut: Yale University Press, 1989), p. 264.

*O evangelho — a glória de Cristo como fundamento
da contrição que exalta a Cristo*

> O que ocorre no amor dos santos também ocorre no gozo, no deleite e no prazer espiritual deles: o primeiro fundamento deste amor não é uma consideração ou concepção do *interesse* deles *nas* coisas divinas; e sim consiste primariamente no *entretenimento agradável* que a mente deles encontra na visão. da beleza divina e sagrada destas coisas, como elas são em si mesmas.[8]

Em outras palavras, Edwards afirmou que o "deleite espiritual" dos santos não tem seu fundamento no "*interesse* deles nas coisas divinas". Isso significa: o deleite deles em Deus não se fundamenta nos dons que Ele lhes dá, e sim nele mesmo. Isso é o que "interesse" significa. Por conseguinte, o deleite dos santos em Deus é "desinteressado". Todavia, esse deleite consiste de "entretenimento agradável" da mente dos santos. Assim, o amor "desinteressado" para com Deus é o "entretenimento agradável" ou o gozo de conhecer a Deus mesmo.[9] Isso é o que o evangelho oferece quando revela "a luz do evangelho da glória de Cristo, o qual é a imagem de Deus" (2 Co 4.4). Isso é o que, paradoxalmente, deve preceder e produzir a tristeza da contrição que exalta a Cristo.

ANTITRIUNFALISMO: ENTRISTECIDOS, MAS SEMPRE ALEGRES

Uma das razões para abordarmos, neste capítulo, a natureza e o fundamento da contrição cristã é que essa tristeza me capacita

---

8 Edwards, *Religious Affections*, p. 249. Ênfase acrescentada.
9 Norman Fiering está correto na seguinte citação, se entendermos "desinteressado" no sentido absoluto de nenhum benefício, nem mesmo do "entretenimento agradável" de contemplar a Deus. "Amor desinteressado para com Deus é impossível porque o desejo de felicidade é intrínseco a todo o querer e o amar, e Deus é o fim necessário da busca por felicidade. É lógico que ninguém pode ser desinteressado a respeito da fonte ou da base de todo interesse" — *Jonathan Edwards's Moral Thought in Its British Context* (Chapel Hill, North Carolina: University of North Carolina Press, 1981), p. 161.

a acautelar-me do triunfalismo. Estou ciente de que, ao usar a linguagem de valorizar, entesourar, deleitar-se, apreciar e satisfazer-se na glória de Deus na face de Cristo, para alguns poderia parecer que eu estava dizendo que todo quebrantamento, sofrimento, tristeza e pesar foram deixados para trás. Isso não é verdade. O crente nunca escapa da batalha contra o pecado, que nele habita.[10] A vida não é somente gozo acima de toda tristeza; é uma luta por gozo em meio à tristeza.[11] A bandeira que drapeja sobre a minha vida e sobre este livro é a máxima paradoxal do apóstolo Paulo, expressa em 2 Coríntios 6.10: "Entristecidos, mas sempre alegres".

Jonathan Edwards viu a glória de Deus no evangelho com mais clareza do que muitos de nós e experimentou o ser cativado pela comunhão com Deus, por meio do evangelho.[12] Mas Edwards tam- bém nos legou uma das mais belas descrições do que a glória de Deus, no evangelho, produz na vida do crente. Ele

---

10 John Owen é especialmente útil neste ponto — *The Works of John Owen*, Vol. 6, ed. William Goold (Edimburgo: Banner of Truth, 1967). Este volume contém três importantes obras sobre a batalha contra o pecado, que ainda permanece no crente: *Of the Mortification of Sin in Believers; Of Temptation: The Nature and Power of It* e *The Nature, Power, Deceit, and Prevalency of the Remainders of Indwelling Sin in Believers*. Crossway Books publicará uma nova edição dessas obras, em um único volume, a ser lançado em 2006, preparada por Justin Taylor.

11 Esta é a razão por que usei o subtítulo *How to Fight for Joy* em meu livro *When I Don't Desire God* (Wheaton, Illinois: Crossway Books, 2004).

12 "Depois de haver cavalgado em direção à floresta, em benefício de minha saúde, em 1737, e descido do cavalo em lugar sossegado, conforme o meu costume, a fim de caminhar, exercitando a contempla- ção divina e oração, eu tive uma visão, que para mim foi extraordinária, da glória do Filho de Deus, como Mediador entre Deus e o homem; e a sua maravilhosa, grande, plena, pura e agradável graça, bem como do seu amor, humildade e gentil condescendência... que continuaram, como posso julgar, por cerca de uma hora. Isso me manteve, em grande parte do tempo, em lágrimas profusas, chorando em voz alta." Esta citação foi extraída de "Personal Narrative", em *Jonathan Edwards: Represen- tative Selections*, ed. Clarence H. Faust e Thomas H. Johnson (Nova Iorque: Hill and Wang, 1935), p. 69.

mostrou que a cativante e divinal visão de Cristo, no evangelho, não torna uma pes- soa presunçosa — torna-a humilde. Produz alegria de coração quebrantado.

> Todas as graciosas afeições que são aromas suaves para Cristo e que enchem a alma do crente com doçura e fragrância celestial são afeições de coração quebrantado. Um verdadeiro amor cristão, quer para com Deus, quer para com os homens, é um humilde amor de coração quebrantado. Os desejos dos santos, embora intensos, são desejos humildes; a esperança dos santos é uma esperança humilde; e a alegria deles, ainda que seja indizível e cheia de glória, é uma alegria humilde de coração quebrantado, deixando o crente ainda mais pobre de espírito, mais semelhante a uma criança e mais disposto a uma geral humildade de comportamento.[13]

DEIXAR SATANÁS VIVO: O PREÇO DE MOSTRAR O CRISTO PRECIOSO

Na verdade, Deus age intencionalmente ao revelar, no evangelho, a glória do Cristo crucificado e de produzir crentes conformados ao amor altruísta de Cristo (2 Co 3.18), que não somente faz da cruz o centro da revelação de sua glória nesta época, mas também deixa Satanás no mundo para magnificar o poder, a sabedoria e a beleza da humildade.

Você já se perguntou por que Deus simplesmente não acaba ago- ra mesmo com a existência de Satanás e dos demônios?[14] É

---

13 Jonathan Edwards, *Religious Affections*, pp. 348-349.
14 Neste capítulo, estou usando, ou citando parcialmente, o que escrevi em *Life as a Vapor* (Sisters, Oregon: Multnomah, 2004), pp. 77- 81.

estranho que Deus, com todos os direitos soberanos sobre Satanás, seu arquii- nimigo, permita que ele cause tantos males. Deus tem o direito e o poder para lançar Satanás no lago de fogo. Um dia, Deus banirá com- pletamente a Satanás (Ap 20.3, 10). Isso não será injustiça para com Satanás, assim como não seria injusto se Deus o fizesse hoje. Então, por que Ele não o faz, em vista de tanta miséria causada por Satanás? É por que existe uma chance de o diabo e seus anjos se arrepen- derem? Não. Eles são irremissíveis. Jesus disse que "o fogo eterno" está "preparado para o diabo e seus anjos" (Mt 25.41). Judas, um dos irmãos de Jesus, escreveu que os anjos caídos estão guardados "sob trevas, em algemas eternas, para o juízo do grande Dia" (Jd 6).

Então, por que Deus tolera Satanás? Encontramos a resposta em lembrarmos que Satanás odeia o evangelho. "O deus deste século [Satanás] cegou o entendimento dos incrédulos, para que lhes não resplandeça a luz do evangelho da glória de Cristo" (2 Co 4.4). Isto é uma pista para a razão de Deus dar a Satanás tanta liberdade. O alvo de Deus é magnificar a glória de Cristo por intermédio do evangelho.

Em outras palavras, o propósito de Deus é vencer a Satanás de um modo que glorifique não somente o poder de Cristo, mas também a suprema beleza, dignidade e vontade dele. Cristo poderia simplesmente exercer poder soberano e aniquilar a Satanás. Isso realmente glorificaria o poder de Cristo. Mas não demonstraria, com tanta clareza, a suprema dignidade de Jesus sobre Satanás. Não revelaria a beleza transformadora e o poder da humildade, da singeleza, da mansidão e do amor altruísta de Cristo. O alvo do evangelho é colocar em exposição a glória do Cristo crucificado, e envergonhar a Satanás, por meio dos milhões de pessoas que são convertidas "das trevas para a luz e da potestade de Satanás para Deus" (At 26.18) e rejeitam as mentiras de Satanás em preferência à beleza de Cristo, no evangelho.[15]

Esta maneira de vencer Satanás certamente custa muito mais do que simplesmente aniquilá-lo. Cristo sofreu para conquistar este tri- unfo, e o mundo sofre. Mas os valores de Deus não são facilmente reconhecidos. Se Cristo destruísse todos os demônios agora (e pode- ria fazê-lo), seu absoluto poder seria visto como glorioso, porém a suprema beleza e dignidade de Cristo não brilhariam tão intensa- mente como nas ocasiões em que o povo de Deus renuncia às promessas de Satanás, confia no sangue e na justiça de Cristo e acha prazer na imensa glória de Jesus revelada no evangelho.

SATANÁS SE RETIRA QUANDO DEUS É O EVANGELHO

Isto significa que o argumento deste livro é muito importante para Deus. Ele almeja que sua glória seja vista e experimentada no evangelho, com tanta clareza que o poder de Satanás é rompido e se torna evidente, para todos, que a doçura de Cristo crucificado é mais poderosa do que as seduções de Satanás. Não se trata de um erro pequeno deixar de mostrar a Deus como o maior dom do evangelho. Tal erro favorece a Satanás e contradiz o desígnio de Deus em romper o poder de Satanás mediante a revelação da suprema beleza de Cristo, no evangelho.

Portanto, vivamos e preguemos o evangelho de modo que mostremos a Cristo. Tomemos as armas e vençamos o diabo, por

---

15 Se Satanás zomba afirmando que ainda tem milhões que ele persuadiu a permanecer em suas trevas, isto servirá para magnificar a justiça de Deus na condenação e a misericórdia de Deus para com aqueles que escaparam. Deus conhece a proporção das coisas e sabe a melhor maneira de exaltar todos os atributos de Cristo.

sermos ousados e felizes na suprema glória do Filho de Deus! Não digo que isto é fácil. É árduo. O caminho do amor que nos leva da cruz à glória de Cristo é um caminho de sacrifício. A suprema beleza de Cristo sobre Satanás e o pecado é vista de melhor forma quando estamos dispostos a sofrer por ela. Um dos maiores golpes contra o poder das trevas vem do sangue dos mártires. "Eles, pois, o [Satanás!] venceram por causa do sangue do Cordeiro e por causa da palavra do testemunho que deram e, mesmo em face da morte, não amaram a própria vida" (Ap 12.11). Esse é o tipo de vida que resulta de vermos a Deus como o evangelho.

Nos predestinou...
para louvor da glória de sua graça.
EFÉSIOS 1.5, 6

Porque, por ele, ambos
temos acesso ao Pai em um Espírito.
EFÉSIOS 2.18

Quando vier para ser glorificado nos seus santos
e ser admirado em todos os que creram.
2 TESSALONICENSES 1.10

E a vida eterna é esta: que te conheçam a ti, o único
Deus verdadeiro, e a Jesus Cristo, a quem enviaste.
JOÃO 17.3

9

O EVANGELHO — DEUS COMO O DOM SUPREMO E PRESENTE EM TODAS AS SUAS DÁDIVAS SALVÍFICAS E DOLOROSAS

O LIMITE ENTRE A GRATIDÃO QUE APRECIA DEUS E A IDOLATRIA QUE APRECIA AS DÁDIVAS

A pergunta que faço neste e no próximo capítulo é: de que modo todas as dádivas que o evangelho nos traz se relacionam com Deus como a dádiva suprema e toda-importante do evangelho? O desafio destes dois capítulos é estabelecer o estreito limite entre depreciar as dádivas de Deus ou torná-las um deus. É a linha divisória entre a gratidão que aprecia Deus e a idolatria que aprecia os dons. A verdade que tentarei desenvolver é que todos os dons de Deus são dados com o propósito de revelar mais da glória dele, de modo que o uso correto das dádivas é colocarmos nossas afeições não nelas, e sim, por intermédio delas, tão-somente em Deus.

O que pretendo dizer pela expressão *colocar nossas afeições* é que os desejos de nosso coração encontram seu ponto final — seu alvo, seu lugar de descanso — somente em Deus, embora as afeições se elevem a Deus por intermédio de milhares de dádivas. Agostinho disse: "Tu nos criaste para Ti mesmo, e nosso coração não tem sossego enquanto não descansa em Ti."[1] Esta falta de sossego é algo bom quando estamos nos deleitando em um dos dons de Deus. Os dons de Deus *devem* ser desfrutados, quer seja o dom da salvação (1 Pe 1.4, 5), ou do alimento (1 Tm 4.3; 6.17). Mas, se as nossas afeições repousam nos dons, nos tornamos idólatras. Portanto, o alvo deste e do próximo capítulo é mostrar, com base nas Escrituras, como os dons comprados pelo sangue — talvez poderíamos dizer, os dons do evangelho — apontam para além de si mesmos, apontam para o grande dom do evangelho, o próprio Deus.

PREDESTINAÇÃO, UM DOS DONS DO EVANGELHO

Considere, primeiramente, os múltiplos dons que nos alcançam na realização de nossa salvação. Como nos regozijaremos neles? A *predestinação* é um dos primeiros dons do evangelho, ainda que preceda a morte de Cristo, na eternidade. O cordeiro imaculado, Jesus Cristo, que foi morto por nossos pecados, foi conhecido antes da fundação do mundo (1 Pe 1.20). Por essa razão, Deus nos deu graça em Cristo antes dos tempos eternos (2 Tm 1.9). Por conseguinte, Paulo disse: "Nos predestinou para ele, para a adoção de filhos, *por meio de Jesus Cristo*" (Ef 1.5). Esta predestinação foi o propósito de Deus para nos adotar e nos tornar santos e inculpáveis diante dele, em amor.

Então, como nos regozijaremos neste admirável dom da predes- tinação, comprado por sangue? Paulo dá a resposta em Efésios 1.5, 6: "Nos predestinou... *para louvor da glória de sua graça*". O alvo de Deus em nos predestinar é que admiremos e exaltemos a glória de sua graça. Em outras palavras, o alvo de Deus em predestinar-nos é que a graça seja exposta como gloriosa

---

[1] Santo Agostinho, *The Confessions of St. Augustine* (Nova Iorque: Washington Square Press, 1962), p. 1.

e que a vejamos, a experi- mentemos e cantemos os seus louvores. A glória da graça é a glória de Deus agindo graciosamente. Portanto, o alvo da predestinação é que vejamos e experimentemos a Deus em sua graciosa ação salvadora de predestinar-nos. O alvo da predestinação, e as ações do evangelho, que alcançaram esta predestinação, é que sejamos felizes em louvar a graça de Deus.

COMO NOS REGOZIJAREMOS NO DOM DA ENCARNAÇÃO?

Para que Deus comprasse o dom da predestinação, Ele teve de enviar seu Filho ao mundo, como um ser humano, para morrer em nosso lugar, suportar a ira de Deus e cumprir a justiça que temos deixado de cumprir. Esta entrada do Filho de Deus no mundo é chamada *encarnação*. É um grande dom de Deus que não merecemos. Assim como a predestinação, a encarnação foi, ao mesmo tempo, o resultado e a condição para a morte expiatória de Cristo. Foi um resultado no sentido em que Deus previu o que faria no Calvário, na morte de seu Filho, para justificar o aparentemente injusto ato de humilhar seu Filho em trinta e três anos de auto-esvaziamento divino. A morte de Cristo vindicaria a justiça de Deus por enviar a Cristo e expô-Lo à aflição e à morte. Esta vindicação comprada por sangue tornaria possível que Deus fosse justo e o justificador de pecadores que crêem em Jesus (Rm 3.24-26).

Como nos regozijaremos no dom da encarnação? Paulo responde em Romanos 15.8, 9: "Cristo foi constituído ministro da circuncisão [isto é, Ele se encarnou como o Messias dos judeus], em prol da verdade de Deus... *para que os gentios glorifiquem a Deus por causa da sua misericórdia*". A ênfase, nesta passagem, é que a encarnação de Cristo, como servo do Senhor, constituiu uma belíssima demonstração de misericórdia. Essa misericórdia foi uma manifestação das riquezas da glória de Deus. Nossa resposta a essa demonstração da misericórdia reveladora de glória é fazer que nosso coração eleve-se no feixe de luz de misericórdia até à presença de Deus, para ali vermos e experimentarmos a glória de Deus. As afeições de nosso regozijo não devem repousar na dádiva, mas seguir a dádiva em direção ao próprio Deus.

Paulo apresentou este mesmo argumento em Filipenses 2.6-11. Se desdobrarmos estas sentenças do começo ao fim, poderemos ver com clareza a razão crucial da encarnação. Esta passagem afirma que Cristo veio ao mundo "em semelhança de homens... tornando-se obediente até à morte... para que... toda língua confesse que Jesus Cristo é Senhor, para glória de Deus Pai". O alvo final da encarnação era que, por meio de Cristo, as pessoas vissem o senhorio dele e a glória de Deus. Toda a história da vida, morte e ressurreição de Cristo foi o mais resplandecente feixe de luz da glória que já brilhou do esplendor de Deus. Quando esta história do evangelho é corretamente proclamada, a glória é revelada. Se esta glória não é mostrada e vista, o maior bem do evangelho não é visto e, não há salvação.

RECONCILIAÇÃO: A CHEGADA DE DEUS E DO GOZO

No capítulo 3 (O Evangelho — "Eis aí está o vosso Deus!"), falamos sobre a justificação pela fé e o perdão dos pecados. Mostramos que estes são dons do evangelho que têm como alvo remover os obstáculos existentes entre nós e Deus. Não são boas-novas em ou por si mesmos. Eles tornam possível *a reconciliação* de pecadores com um Deus santo. Esta reconciliação nos traz de volta a

Deus. O foco da reconciliação é que agora podemos desfrutar da presença de Deus sem condenação.

Por isso, depois de haver dito, em Romanos 5.10, que *"fomos reconciliados"*, Paulo prosseguiu, dizendo, no verso 11: "E não apenas isto, mas também nos gloriamos em Deus por nosso Senhor Jesus Cristo, por intermédio de quem recebemos, agora, a reconciliação". O alvo desta reconciliação não é uma solidariedade segura e indiferente, e sim que nos gloriemos "em Deus por nosso Senhor Jesus Cristo". Deus é o foco da reconciliação. O gozo da reconciliação é gozo em Deus. Portanto, quando pregamos o evangelho da reconciliação, a ênfase tem de ser não meramente a remoção da inimizade, mas a chegada do gozo em Deus. Ver e experimentar o Deus reconciliado é o bem final nas boas-novas de Jesus Cristo.

O SANGUE DE CRISTO QUE PODEROSAMENTE NOS APROXIMA DE DEUS

Quer alguém pense na obra de Cristo como a realização da reconciliação, ou da propiciação, ou da satisfação penal, ou da redenção, ou da justificação, ou do perdão dos pecados, ou da libertação, o alvo de tudo isso é resumido no dom supremo — Deus mesmo. O texto em 1 Pedro 3.18 é a afirmação mais clara: "Cristo morreu uma única vez, pelos pecados, o justo pelos injustos, *para conduzir-vos a Deus*". Efésios 2.13-18 é a próxima afirmação mais explícita sobre esta verdade: "Em Cristo Jesus, vós, que antes estáveis longe, *fostes aproximados* pelo sangue de Cristo... por intermédio da cruz... reconciliasse ambos em um só corpo com Deus... porque, por ele, *ambos temos acesso ao Pai em um mesmo Espírito*". O alvo final do derramamento do sangue de Cristo é que cheguemos perto de Deus e tenhamos "acesso ao Pai em um mesmo Espírito".

O MELHOR DOM DE DEUS: SER ETERNAMENTE CATIVADO POR DEUS

É crucial considerarmos isto. Muitas pessoas parecem receber as boas-novas sem receber a Deus. Não existe uma evidência segura de que temos um novo coração, se tão-somente desejamos escapar do inferno. Este é um desejo completamente natural, e não um desejo sobrenatural. Não é necessário alguém ter um coração novo para querer o alívio psicológico do perdão, da remoção da ira de Deus ou da herança no mundo de Deus. Todas estas coisas são compreensíveis sem qualquer mudança espiritual. Você não precisa ser nascido de novo para querer estas coisas. Os demônios as querem.

Não é errado querê-las. De fato, é loucura não desejar tê-las. Mas a evidência de que fomos mudados é desejarmos estas coisas porque ela nos conduzem ao gozo de Deus. Esta é a maior razão pela qual Cristo morreu. É o maior bem nas boas-novas. Por que é assim? Porque fomos criados para experimentar felicidade completa e duradoura que resulta de vermos e experimentarmos a glória de Deus. Se a nossa melhor satisfação vem de algo aquém disso, somos idólatras, e Deus é desonrado. Ele nos criou de tal modo que sua glória é manifestada por meio do gozo que temos nela. O evangelho de Cristo é a boa notícia de que, ao custo de seu próprio Filho, Deus fez tudo que era necessário para cativar-nos com aquilo que nos tornará eterna e incessantemente felizes — ou seja, Ele mesmo.[2]

A CONSUMAÇÃO DO EVANGELHO: ADMIRANDO O CRISTO PODEROSO

A *consumação* de nossa salvação, na segunda vinda de Cristo, foi garantida pelo sangue de Cristo e pregada no evangelho. A morte

---

2 Os dois parágrafos anteriores baseiam-se no Capítulo 22 — "Cristo Sofreu e Morreu Para Levar-Nos a Deus" — do livro *The Passion of Jesus Christ*, por John Piper (Wheaton, Illinois: Crossway Books, 2004), pp. 62-63.

e a ressurreição de Cristo lhe deram poder sobre a morte em favor de todos os que são dele. "Estive morto, mas eis que estou vivo pelos séculos dos séculos e tenho as chaves da morte e do inferno" (Ap 1.18). Existe uma conexão indissolúvel entre a vitória de Cristo sobre a morte e nossa vitória sobre a morte. "E, se habita em vós o Espírito daquele ressuscitou a Jesus dentre os mortos, esse mesmo que ressuscitou a Cristo Jesus dentre os mortos vivificará também o vosso corpo mortal, por meio do seu Espírito que em vós habita" (Rm 8.11).

"Deus ressuscitou o Senhor e também nos ressuscitará a nós pelo seu poder" (1 Co 6.14; 2 Co 4.14).

E, quando Cristo vier, para nos ressuscitar dentre os mortos, Ele "transformará o nosso corpo de humilhação, para ser igual ao corpo da sua glória, segundo a eficácia do poder que ele tem de até subordinar a si todas as coisas" (Fp 3.21). A altissonante nota de vitória será ressoada: "Tragada foi a morte pela vitória. Onde está, ó morte, a tua vitória? Onde está, ó morte, o teu aguilhão? O aguilhão da morte é o pecado, e a força do pecado é a lei. Graças a Deus, que nos dá a vitória por intermédio de nosso Senhor Jesus Cristo" (1 Co 15.54-57).

Mas qual será o foco nesta grande hora de consumação? 2 Tessalonicenses 1.7-10 nos dá uma resposta clara. O foco será a glória de Cristo, e nos admiraremos nesta glória.

> Quando do céu se manifestar o Senhor Jesus com os anjos do seu poder, em chama de fogo, tomando vingança contra os que não conhecem a Deus e contra os que não obedecem ao evangelho de nosso Senhor Jesus. Estes sofrerão penalidade de eterna destruição, banidos da face do Senhor e da glória do seu poder, quando vier para ser glorificado nos

seus santos e ser admirado em todos os que creram, naquele dia (porquanto foi crido entre vós o nosso testemunho).

O alvo da vinda de Cristo e da consumação da promessa do evangelho é que Ele seja "glorificado nos seus santos" e "admirado em todos os que creram". Isso será o nosso grande gozo e a imensa honra de Cristo. Deus planejou que seja assim. Recebemos o gozo; Ele recebe a glória. O alvo da consumação do evangelho é a glória de Deus na face de Cristo. E o supremo bem nas boas-novas é que vejamos e experimentemos Aquele que é infinitamente digno de ser glorificado e admirado.

A VIDA ETERNA: ESTENDENDO E APRIMORANDO O PRAZER DE CONHECER A DEUS

Evidentemente, este glorioso acontecimento é o começo e a consumação. É o começo da *vida eterna*. É verdade que já recebemos o dom da vida eterna pela fé em Cristo. "Quem crê no Filho tem a vida eterna" (Jo 3.36). Observe o tempo presente. *Temos*, e não *teremos*, a vida eterna. Isto é verdadeiro, precioso e permanente. "Eu lhes dou a vida eterna; jamais perecerão, e ninguém as arrebatará da minha mão" (Jo 10.28).

Mas, também é verdade que a plenitude da vida eterna começa na ressurreição. Jesus disse: "Em verdade vos digo que ninguém há que tenha deixado casa, ou mulher, ou irmãos, ou pais, ou filhos, por causa do reino de Deus, que não receba, no presente, muitas vezes mais e, *no mundo por vir, a vida eterna*" (Lc 18.29, 30). A plenitude da vida eterna começará na era vindoura. Por isso, Paulo disse que nos tornamos herdeiros de Deus, "segundo a esperança da vida eterna" (Tt 3.7). A vida eterna é algo que estamos aguardando.

O evangelho — Deus como o dom supremo e presente em todas as suas dádivas salvíficas e dolorosas

A vida eterna é um dos dons mais preciosos do evangelho. A vida eterna está arraigada em uma das mais familiares e amadas promessas do evangelho — João 3.16: "Deus amou ao mundo de tal maneira que deu o seu Filho unigênito, para que todo o que nele crê não pereça, mas tenha *a vida eterna*". Por conseguinte, a promessa da vida eterna está vinculada ao amor de Deus e ao dom de seu Filho. O que é este dom que flui do evangelho e do amor de Deus?

Jesus nos diz na oração, registrada em João 17. Ele orou ao Pai: "E a vida eterna é esta: que te conheçam a ti, o único Deus verdadeiro, e a Jesus Cristo, a quem enviaste" (v. 3). Em outras palavras, o dom do evangelho, chamado vida eterna, não é apenas uma extensão de cada prazer terreno. É a extensão e perfeição do prazer de conhecer a Deus e a seu Filho, Jesus Cristo. "A vida eterna é esta: que te conheçam a ti, o único Deus verdadeiro." Todos os outros deuses têm de retirar-se. Todos os outros deleites que não são deleites em Deus têm de sair — não porque qualquer coisa boa tem de ser lançada fora, e sim para dar lugar àquilo que é infinitamente melhor, o próprio Deus. A vida eterna é *um grande dom* do evangelho. Porém, torna-se *o grande dom* do evangelho quando o experimentamos como o conhecer e o desfrutar o único Deus verdadeiro e a seu Filho, para sempre.

O EVANGELHO COMPROU TUDO O QUE É BOM PARA NÓS

Estes dons podem ser chamados de dons salvadores do evangelho: predestinação, encarnação, justificação, reconciliação, consumação, vida eterna, etc. Mas há outros. O evangelho tem revelado a onipotente misericórdia de Deus, de modo que milhares de outros dons fluem até nós do coração de Deus. Estou pensando em textos como Romanos 8.32: "Aquele que não poupou o seu próprio Filho, antes, por todos nós o entregou, porventura, não nos dará graciosamente com ele todas as coisas?" Isto significa que o âmago do evangelho — "Deus não poupou o seu próprio Filho" — é a garantia de que "todas as coisas" nos serão dadas.

Todas as coisas? O que isso significa? Significa o mesmo que Romanos 8.28: "Sabemos que todas as coisas cooperam para o bem daqueles que amam a Deus, daqueles que são chamados segundo o seu propósito". Deus toma "todas as coisas" e as faz servir ao nosso bem final. Isto não significa que conseguimos tudo que o nosso coração imperfeito deseja. Significa que temos do que é bom para nós.

O EVANGELHO GARANTE QUE TODA NECESSIDADE VERDADEIRA SERÁ SATISFEITA

Compare isto com Filipenses 4.19: "O meu Deus, segundo a sua riqueza em glória, há de suprir, em Cristo Jesus, *cada uma* de vossas necessidades". Cada necessidade! Isto significa que nunca enfrentamos tempos difíceis? Evidentemente, não. Nos versículos 12 e 13, Paulo havia dito: "Tanto sei estar humilhado como também ser honrado; de tudo e em todas as circunstâncias, já tenho experiência, tanto de fartura como *de fome*; assim de abundância como *de escassez*; tudo posso naquele que me fortalece". Isto é admirável. Deus supre "cada uma" das necessidades (v. 19). Portanto, aprendi como enfrentar a "fome" e a "escassez" (v. 12). Posso fazer todas as coisas por meio daquele que me fortalece — incluindo estar faminto e necessitado! Posso concluir que, como crentes, todas as necessidades — para fazermos a vontade de Deus e magnificá-Lo — serão supridas. De acordo com Romanos 8.32, isto é garantido pelo evangelho.

Paulo afirmou isso de modo ainda mais admirável em Romanos 8.35 a 37. Nesta passagem, o amor de Cristo assegura que seremos mais do que vencedores em toda circunstância, incluindo o sermos mortos. "Quem nos separará do amor de Cristo? Será tribulação, ou angústia, ou perseguição, ou fome, ou nudez, ou perigo, ou espada? Como está escrito: Por amor de ti, somos entregues à morte o dia todo, fomos considerados como ovelhas para o matadouro. Em todas estas coisas, porém, somos mais que vencedores, por meio daquele que nos amou." Estarrecedor! Somos mais do que vencedores quando somos mortos todo o dia! Portanto, nada pode separar-nos do amor de Cristo, *não* porque esse amor nos protege do mal, e sim porque ele nos protege da miséria final de incredulidade e separação do amor de Deus. O dom do amor de Deus, revelado pelo evangelho, é melhor do que a vida.

TUDO É VOSSO, INCLUSIVE A MORTE
Nem a morte, nem a vida... poderá separar-nos do amor de Deus, que está em Cristo Jesus, nosso Senhor" (Rm 8.38, 39). De fato, a morte não é somente incapaz de separar-nos do amor de Deus, ela é também, juntamente com todas as outras dificuldades, uma dádiva do evangelho. Ouçam o que Paulo disse em 1 Coríntios 3.21-23: "Ninguém se glorie nos homens; porque tudo é vosso: seja Paulo, seja Apolo, seja Cefas, seja o mundo, seja a vida, seja *a morte*, sejam as coisas presentes, sejam as futuras, tudo é vosso, e vós, de Cristo, e Cristo, de Deus". Tudo é vosso — inclusive a morte! A morte está incluída em nosso cofre de tesouro dos dons de Deus por meio do evangelho. Por isso, Paulo disse que somos "mais do que vencedores" na morte. Disse também que tudo é nosso, inclusive a morte. Entendo que ele estava afirmando que, por causa das verdades de Romanos 8. 28 e 32, Deus toma cada dificuldade e faz com que ela nos sirva, inclusive a morte. A morte

é "nossa" — nossa serva. O fato de que somos "mais do que vencedores" significa que a morte não apenas jaz morta aos nossos pés, depois do combate — ela é levada cativa e tornada nossa serva.

E como a morte nos serve? Como a servidão da morte, comprada por sangue, abençoa os filhos de Deus? Paulo responde: "Para mim, o viver é Cristo, e *o morrer é lucro*" (Fp 1.21). Por que o morrer é lucro? Ele responde em seguida: "Tendo o desejo de partir e estar com Cristo, o que é incomparavelmente melhor" (Fp 1.23). Estar com Cristo, depois da morte, é "incomparavelmente melhor" do que estar na terra. Esta é a razão por que somos mais do que vencedores quando a morte parece triunfar. Ela se torna uma porta para uma melhor comunhão com Cristo.

COMO JOHN OWEN SE PREPAROU PARA A MORTE

Quando John Owen, o maior teólogo e pastor da Inglaterra, estava morrendo, em 1683, ele focalizou-se completamente na glória de Cristo. Seu último livro intitulava-se *Meditações Sobre a Glória de Cristo* (Meditations on the Glory of Christ). No entendimento de Owen, meditar nessa glória era a melhor maneira de estar pronto para a morte:

> Se nossa bem-aventurança futura consistirá de estarmos onde Ele está e de contemplarmos sua glória, que melhor preparação pode haver do que uma constante contemplação prévia dessa glória, na revelação feita no evangelho, cujo propósito é que, por meio de uma visão dessa glória, possamos ser gradualmente transformados na mesma glória.[3]

---

[3] John Owen, *Meditations and Discourses on the Glory of Christ in His Person, Office, and Grace*, em *The Works of John Owen*, vol. 1 (Edimburgo: Banner of Truth, 1965), p. 275.

O evangelho — Deus como o dom supremo e presente em todas as suas dádivas salvíficas e dolorosas

William Payne, o editor do livro de John Owen sobre a glória de Cristo, visitou-o perto de sua morte e relata que Owen lhe disse: "Ó irmão Payne, o dia tão desejado está finalmente chegando, o dia em que verei a glória de outra maneira, de uma maneira que nunca vi antes ou fui capaz de ver neste mundo".[4]

Isto era o que Paulo pretendia dizer quando declarou que estar com Cristo era "incomparavelmente melhor". Veremos a glória de Cristo "de outra maneira" — uma maneira amplamente maior. Esta é a razão por que Deus nos chamou, em primeiro lugar, para Si mesmo: "Fiel é Deus, pelo qual fostes chamados à comunhão de seu Filho Jesus Cristo, nosso Senhor" (1 Co 1.9). O apóstolo Paulo e John Owen estavam persuadidos de que a morte não era a interrupção dessa comunhão, e sim um aprofundamento dela. Por isso, Paulo disse: "Estamos em plena confiança, preferindo deixar o corpo e habitar com o Senhor" (2 Co 5.8).

MAIS DÁDIVAS DO EVANGELHO — DOLOROSAS E PURIFICADORAS

Tudo isto é bastante estranho. Por causa do evangelho, Deus promete nos dar, com Cristo, "todas as coisas" (Rm 8.32). "Todas as coisas", portanto, inclui não apenas coisas prazerosas, mas também coisas terríveis, como tribulação, aflição, perseguição, fome, nudez, perigo, espada e morte. Todas estas coisas são dons do evangelho comprados para nós mediante o sangue de Cristo. A morte é um dom porque nos leva mais rapidamente ao maior bem do evangelho — ver e experimentar a glória de Deus na face de Cristo.

O que podemos dizer sobre estes outros dons — tribulação, afli- ção e outros semelhantes? Como são eles benefícios compra-

---

4 Peter Toon, *God's Statesman: The Life and Work of John Owen* (1971; reimpressa em Eugene, Oregon: Wipf & Stock, 2005), p. 171.

dos pelo evangelho? Como fazem parte de "todas as coisas" em Romanos 8.32 e 28, bem como em Filipenses 4.13? A resposta é que, na misericor- diosa soberania de Cristo, capacitada por seu próprio sangue, estes sofrimentos realizam o maior bem do evangelho, um mais puro, au- têntico e profundamente satisfatório ver e experimentar a Deus em Cristo.

O DESÍGNIO DO EVANGELHO NOS SOFRIMENTOS DE PAULO — E NOS NOSSOS SOFRIMENTOS

Paulo nos mostra isto em várias passagens. Por exemplo, em 2 Coríntios 1.8, 9 ele descreve o desígnio do evangelho de Deus em seus terríveis sofrimentos na Ásia: "Não queremos, irmãos, que ignoreis a natureza da tribulação que nos sobreveio na Ásia, porquanto foi acima das nossas forças, a ponto de desesperarmos até da própria vida. Contudo, já em nós mesmos, tivemos a sentença de morte, *para que não confiemos em nós, e sim no Deus que ressuscita os mortos*". Este não é o desígnio de Satanás. É o desígnio de Deus. Os sofrimentos de Paulo que lhe ameaçavam a vida haviam sido determinados por Deus a fim de conservar Paulo bem perto de Deus. O alvo do evangelho não é uma vida fácil; é um conhecimento mais profundo de Deus e uma confiança mais intensa nele.

De modo semelhante, em 2 Coríntios 12.7-10 o apóstolo explica como Cristo se recusou a remover o sofrimento dele, por causa de um propósito melhor do que uma existência livre de aflições.

> E, para que não me ensoberbecesse com a grandeza das revelações, foi-me posto um espinho na carne, mensageiro de Satanás, para me esbofetear, a fim de que não me exalte. Por causa disto, três vezes pedi ao Senhor que o afastasse de mim. Então, ele me disse: A minha graça te basta,

porque o poder se aperfeiçoa na fraqueza. De boa vontade, pois, mais me gloriarei nas fraquezas, para que sobre mim repouse o poder de Cristo. Pelo que sinto prazer nas fraquezas, nas injúrias, nas necessidades, nas perseguições, nas angústias, por amor de Cristo. Porque, quando sou fraco, então, é que sou forte.

Este espinho, "mensageiro de Satanás", foi determinado por Deus tendo em vista propósitos evangélicos santificadores muito acima do alcance de Satanás. O diabo torna-se um servo do soberano Cristo. Qual era o propósito de Cristo para os sofrimentos de Paulo? "O poder se aperfeiçoa na fraqueza." Ora, isto é ininteligível para aqueles que definem o amor como a ajuda para nos livrarmos rapidamente do sofrimento. Também é ininteligível para os que dizem que Cristo não pode ser amoroso, se permitiu que Paulo sofresse para magnificar a glória dele mesmo. Contudo, é exatamente isto que Ele está fazendo. Esta é a razão por que o amor de Deus no evangelho parece uma tolice para as pessoas. Como pode isto ser amor?

É claro que Paulo pensava que isto era amor, por causa de sua resposta totalmente contrária à maneira normal de pensar das pessoas. Ele disse: *"De boa vontade, pois"* — ou seja, porque Cristo é magnificado em minha fraqueza — "mais me gloriarei nas fraquezas, para que sobre mim repouse o poder de Cristo". *"De boa vontade"*? Este é um homem estranho. Não; pelo contrário, deveríamos dizer, o evangelho é estranho. O seu alvo não é a minha tranqüilidade imediata. O seu alvo é que eu sinta tanto amor por Cristo e me torne tão apaixonado pela glória dele, que, se o meu sofrimento puder ressaltar a dignidade dele, eu suportarei "com alegria" tal sofrimento.

Deus não poupou seu próprio Filho. Por conseguinte, todas as coisas são vossas — "Seja o mundo, seja a vida, seja *a morte* [ou espinhos na carne ou perseguições que ameaçam a vida]... tudo é vosso, e vós, de Cristo, e Cristo, de Deus". Estes são dons do evangelho porque, por meio do sangue de Cristo, são usados como meios para atingir o alvo do evangelho. Este alvo não é a nossa tranqüilidade, ou riqueza, ou segurança nesta vida, e sim a nossa dependência de Cristo e nosso deleite em sua glória.

A FÉ EXPERIMENTA E ACEITA AQUILO QUE EXALTA A CRISTO

Qual é a relação entre o alvo do evangelho — o dependermos de Cristo — e o deleitar-se em sua glória? Vimos que o desígnio de Deus nos sofrimentos de Paulo na Ásia (e nos nossos sofrimentos) era "que não *confiemos* em nós, e sim *no Deus* que ressuscita os mortos" (2 Co 1.9). Vimos também que o resultado da severa misericórdia de Cristo, em deixar o "espinho na carne", foi que Paulo, "de boa vontade", gloriou-se em suas fraquezas. Em outras palavras, ele encontrou em Cristo um prazer mais motivador do que em seu conforto físico. Como a dependência e o deleite se relacionam? Como a fé em Cristo se relaciona com o deleite em Cristo? Como o confiar em Deus e o experimentar a sua glória se relacionam um com o outro?

Para responder isto, devemos perguntar: em que deve a fé confiar em Cristo? Seria pecaminoso confiar em Cristo para suprir pornografia. Usei este exemplo grosseiro apenas para deixar claro o princípio. A fé não é salvadora, se ela tenta confiar em Cristo para obter coisas erradas. Isto deixa claro que a confiança, por si mesma, sem referência àquilo para o que confiamos em Cristo, *não* é a essência de um relacionamento salvador com Cristo. Algo mais tem de estar presente na fé para que ela seja a fé salvadora que honra a Cristo, e não um meio de usarmos a Cristo. A fé salvadora tem de possuir a qualidade de experimentar o que honra a Cristo e colocar em prática esta honra.

COMO VOCÊ CONFIA NA AFIRMAÇÃO: "EU SOU A SATISFAÇÃO DE SUA ALMA?"

Temos de confiar em Cristo para o que ele nos diz que temos de confiar, ou seja, os dons e as promessas. E quais são elas? O melhor dom comprado e prometido pelo evangelho é o dom de Deus mesmo, revelado em Cristo e oferecido para o nosso gozo. O que significa confiar numa pessoa que diz: "O que crê em mim jamais terá sede" (Jo 6.35)? Ou, perguntando-o de modo diferente, o que significa confiar numa pessoa que diz: "Minha beleza e minha glória são a mais profunda satisfação de sua alma"? Significa que a confiança tem de experimentar e aceitar essa satisfação. A confiança tem de experimentar a sede ser satisfeita. Dizer: "Eu confio que Tu és *agora* a mais profunda satisfação de minha alma" e, ao mesmo tempo, não ter gosto por essa satisfação é uma contradição.

Com certeza, temos de confiar em Cristo para a *plenitude* dessa satisfação, na era vindoura. Não a experimentamos agora; porém, a temos provado em alguma medida. Este era o significado das palavras de Paulo, ao declarar: "Andamos por fé e não pelo que vemos" (2 Co 5.7). Não vemos ou experimentamos a plenitude da glória de Deus agora. "Agora, vemos como em espelho, obscuramente; então, veremos face a face. Agora, conheço em parte; então, conhecerei como também sou conhecido" (1 Co 13.12). Mas, enquanto a plenitude da visão aguarda a era vindoura, existe uma visão espiritual agora (2 Co 4.4, 6; Ef 1.18); e a fé na visão espiritual da glória hoje inclui o experimentar a glória hoje.

Isto é o que significa confiar em Alguém que oferece a Si mesmo como nossa "grande alegria". "Irei ao altar de Deus, de Deus, que é a *minha grande alegria*" (Sl 43.4). A fé tem provado a glória de Deus em Cristo e a valoriza tanto que a plenitude dessa glória é algo digno de que por ela se espere e por ela se sofra. A fé tem visto a verdade de que parte da glória de Cristo é a sua confiabilidade. Assim, a fé pode se lançar sobre a promessa de Cristo e confiar que a plenitude da glória e do gozo certamente virá.

MILHARES DE MISERICÓRDIAS DO EVANGELHO, MAS SEM DEUS NENHUM BEM

O argumento deste capítulo e do próximo é que o evangelho tem proporcionado milhares de misericórdias ao povo de Deus, mas nenhuma delas é boa-nova em e por si mesma. Elas são boas à medida que tornam possível o bem maior — ou seja, conhecer e se alegrar em Deus. Portanto, o evangelho tem de ser pregado, crido e vivido como a luz "do conhecimento da glória de Deus, na face de Cristo" (2 Co 4.6). Isto é o que pretendo dizer ao afirmar que Deus é o evangelho.

*Ainda que a figueira não floresça,
nem haja fruto na vide; o produto da oliveira minta,
e os campos não produzam mantimento; as ovelhas sejam
arrebatadas do aprisco, e nos currais não haja gado, todavia,
eu me alegro no SENHOR, exulto no Deus
da minha salvação.*
HABACUQUE 3.17-18

/ 10

O EVANGELHO — DEUS COMO O DOM SUPREMO E PRESENTE EM TODAS AS SUAS DÁDIVAS AGRADÁVEIS

Existem milhares de bênçãos do evangelho compradas para os crentes por meio do sangue de Cristo. Vimos isso em Romanos 8.32, nas considerações do capítulo anterior. "Aquele que não poupou o seu próprio Filho, antes, por todos nós o entregou, porventura, não nos dará graciosamente com ele *todas as coisas?*" Observamos que *todas as coisas* incluem a morte, perseguição e espinhos na carne. Mas *todas as coisas* também incluem coisas agradáveis. Isso é o que pretendemos considerar neste capítulo. E a pergunta permanece: como as boas dádivas de Deus relacionam-se com Ele mesmo como o maior dom do evangelho?

TODAS AS RESPOSTAS DE ORAÇÃO SÃO DONS DO EVANGELHO COMPRADOS POR SANGUE

Uma das mais fortes advertências bíblicas para não usarmos o Deus do evangelho apenas para obter suas dádivas do evangelho está relacionada à oração. Isso foi especialmente relevante à minha esposa e eu quando lutávamos com algumas coisas difíceis em nossa vida, enquanto eu escrevia este livro. Queríamos que Deus fizesse algo e oramos com lágrimas e grande fervor. Mas houve um momento em que senti que não estávamos orando de uma maneira que honrava a Deus. Então, escrevi uma anotação para minha esposa que expressa parte da advertência bíblica que acabei de mencionar:

> O forte senso que tenho agora, depois de acordar bem cedo e não conseguir dormir novamente, é de que o Senhor quer que confiemos nele. Ele parecia estar me admoestando sobre minhas súplicas não estarem cheias de fé. Eu estava começando a murmurar. E não é bom murmurar para Deus. Eu não estava submetendo-me nem entregando o meu fardo a Ele. Estava tratando-O da mesma maneira como, às vezes, trato você quando lhe peço algo com o tom de que, se eu não conseguir, ficarei perpetuamente infeliz. Isto é incredulidade, pois eleva a dádiva de Deus acima do próprio Deus. Então, fui encorajado por estes pensamentos a "lançar meus cuidados sobre o Senhor" e a confiar na promessa de que Ele me "susterá; jamais permitirá que o justo seja abalado". E, para a nossa orientação, tomei o Salmo 25.8: "Bom e reto é o SENHOR, por isso, aponta o caminho aos pecadores". Esta é uma das qualificações que eu trago confiantemente às minhas orações: eu sou um pecador.

Ora, como esta experiência e a advertência das Escrituras contra o usar a Deus para obtermos os seus dons deixam claro qual é o maior dom do evangelho? Respostas misericordiosas às orações são dádivas do evangelho compradas por sangue. Hebreus 4.16 nos ensina que podemos achegar-nos, "confiadamente, junto ao trono da graça, a fim de recebermos misericórdia e acharmos graça para socorro em ocasião oportuna", porque temos um "grande sumo sacerdote" (v. 14). A razão por que Jesus Cristo, nosso

Sumo Sacerdote, torna possíveis as respostas às orações é que Jesus não é semelhante aos sacerdotes do Antigo Testamento. Jesus "não tem necessidade, como os sumos sacerdotes, de oferecer todos os dias sacrifícios, primeiro, por seus próprios pecados, depois, pelos do povo; porque fez isto uma vez por todas, quando a si mesmo se ofereceu" (Hb 7.27).

Esta é a razão por que todas as promessas de Deus são o "sim" em Cristo e por que oramos em nome de Jesus. "Quantas são as promessas de Deus, tantas têm nele o sim; porquanto também por ele é o amém para glória de Deus, por nosso intermédio" (2 Co 1.20). Por isso, Jesus disse: "Eu vos escolhi a vós outros e vos designei para que vades e deis fruto... a fim de que tudo quanto pedirdes ao Pai *em meu nome*, ele vo-lo conceda" (Jo 15.16).

A resposta de oração fundamenta-se na intercessão sacerdotal de Jesus por nós, e essa intercessão está alicerçada no sangue que Ele derramou para remover nossos pecados e liberar o dilúvio de graça respondedora de oração. Portanto, todas as bênçãos que recebemos em resposta à oração devemos ao evangelho do Cristo crucificado e ressuscitado. Não são bênçãos automáticas. São compradas por sangue para pecadores como nós.

COMO A ORAÇÃO PODE TORNAR DEUS UMA VÍTIMA DE ADULTÉRIO

Agora surge a mais forte advertência do Novo Testamento contra o fazer da oração a oportunidade em que Deus é usado para obter os dons e não a Ele mesmo. Tiago 4.2-5 soa a advertência:

> Cobiçais e nada tendes; matais, e invejais, e nada podeis obter; viveis a lutar e a fazer guerras. Nada tendes, porque não pedis; pedis e não recebeis, porque pedis mal,

para esbanjardes em vossos prazeres. Infiéis, não compreendeis que a amizade do mundo é inimiga de Deus? Aquele, pois, que quiser ser amigo do mundo constitui-se inimigo de Deus. Ou supondes que em vão afirma a Escritura: É com ciúme que por nós anseia o Espírito, que ele fez habitar em nós?

Por que Tiago nos chama de "infiéis" (adúlteros), quando oramos? Porque pedimos a Deus coisas para satisfazer nossos desejos que não são desejos por Ele. Isto é estarrecedor — no momento de um dos mais piedosos atos de nosso cristianismo — a oração — podemos estar adulterando contra Deus. A figura existente nesta passagem bíblica é que Deus é nosso esposo fiel e bondoso. Adúltera é uma palavra que especifica uma esposa infiel de um generoso esposo. A figura neste texto é que Deus é nosso fiel e generoso esposo. Assim, nos achegamos a Ele e Lhe pedimos, vamos dizer, cem reais; Ele, por sua vez, nos dá isso. Em seguida, tomamos os cem reais, nos afastamos dele e vamos até aonde nosso amor ilícito tem um quarto. Essa é a maneira como Deus vê a oração que não tem a súplica "santificado seja o teu nome" como o âmago de cada petição.

Quando Tiago disse, no final desta passagem, que "é com ciúme que por nós anseia o Espírito, que ele [Deus] fez habitar em nós", ele pretendia dizer: Deus quer seu coração quando você ora. Deus não será um mero dispensador de dádivas para aqueles que não têm nenhum deleite nele.

Então, o que aprendemos, nesta passagem, sobre o evangelho? Foi o evangelho que comprou e prometeu todas as respostas de nossas orações. Aprendemos que o alvo do evangelho não é principalmente nos dar os dons de Deus, e sim nos dar a Deus mesmo. Todos os dons dele são bons. Mas, em e por meio de todas as dádivas, o alvo é ver mais da glória de Deus e experimentar mais de suas perfeições morais infinitamente belas, reveladas no evangelho.

A GRATIDÃO A DEUS PODE SER IDÓLATRA?

E, se alguém dissesse: "Talvez o problema da esposa que pediu cem reais a seu esposo é não ser ela realmente grata. Talvez o nosso problema em lidar com Deus e o evangelho é que não somos agradecidos". Isso, certamente, é uma parte de nosso problema. Mas não é o nosso maior problema. Este diagnóstico não detecta a raiz do problema, porque é possível nos sentirmos verdadeiramente gratos para com alguém, por um dom que recebemos, e não amarmos o doador.

Jonathan Edwards viu a profundidade deste problema quando estudou o coração das pessoas no Primeiro Grande Avivamento. Edwards nos ajuda a tomar consciência de que o evangelho pode produzir gratidão que não tem valor moral.[1]

> Verdadeira gratidão ou reconhecimento para com Deus, por sua bondade para conosco, surge de um alicerce lançado anteriormente, o amor a Deus por aquilo que Ele é em si mesmo; enquanto uma gratidão natural não tem esse alicerce antecedente. As graciosas emoções de uma afeição grata a Deus, pela bondade recebida, sempre resultam de um estoque de amor já presente no coração, estabelecido primeiramente sobre outro fundamento, ou seja, a própria excelência de Deus.[2]

---

[1] Os pensamentos seguintes estão baseados no que escrevi em "How Not to Commit Idolatry in Giving Thanks", no livro *A Godward Life, Book One* (Sisters, Oregon: Multnomah, 1997), pp. 213-214.

[2] Jonathan Edwards, *Religious Affections*, em *The Works of Jonathan Edwards*, vol. 2, ed. John Smith (New Haven, Connecticut: Yale University Press, 1959), p. 247.

Em outras palavras, a gratidão que agrada a Deus não é, primeiramente, um deleite nos benefícios que Deus nos dá, embora ela faça parte desse deleite. A verdadeira gratidão tem de estar enraizada em algo mais que vem antes de qualquer outra — ou seja, um deleite na beleza e excelência do caráter de Deus. Se este deleite não é o alicerce de nossa gratidão, então, este deleite não está acima do prazer que sente o "homem natural", sem o Espírito e a nova natureza em Cristo. Nesse caso, a "gratidão" para com Deus não é mais agradável a Deus do que todas as outras emoções que os incrédulos têm, sem deleitarem-se nele.

Você não se sentiria honrado se eu lhe agradecesse freqüentemente por suas dádivas para comigo, mas não tivesse profunda e espontânea consideração por você como pessoa. Sentir-se-ia insultado, não importando o quanto eu lhe agradecesse por suas dádivas. Se a sua personalidade e caráter não me atraem, nem me dá alegria o estar ao seu redor, você se sentirá usado, como uma ferramenta ou máquina que produzem as coisas que eu realmente amo.

O mesmo acontece com Deus. Se não somos cativados por sua personalidade e seu caráter, manifestos em sua obra salvífica, então, todos os nossos agradecimentos são como a gratidão de uma esposa para com o marido, pelo dinheiro que recebe dele para usar com outro homem.

A GRATIDÃO PELA CRUZ PODE SER IDÓLATRA?

É espantoso que, às vezes, esta mesma idolatria é verdadeira até quando as pessoas agradecem a Deus por ter enviado a Jesus para morrer em favor delas. Talvez você já ouviu pessoas dizerem quão gratos a Deus devemos ser pela morte de Cristo, porque essa morte demonstra quanto valor Deus nos atribui. Em outras palavras, elas são agradecidas pela cruz como um eco da própria dignidade delas. Qual é o fundamento desta gratidão?

Jonathan Edwards a chama de gratidão de hipócritas. Por quê? Porque "eles se regozijam e exultam, primeiramente, no fato de que são muito valorizados por Deus; e, com base nisso, [Deus] lhes parece amável... Eles têm prazer, no grau mais elevado, em ouvir quanto Deus e Cristo os valoriza. Portanto, a alegria deles é realmente uma alegria em si mesmos, e não em Deus".[3] É chocante descobrir que uma das descrições mais comuns sobre a cruz, em nossos dias — isto é, quanto de nosso valor ela celebra — pode muito bem ser uma descrição de amor próprio natural, sem qualquer valor espiritual.

Oh! que todos nós atentemos à sabedoria de Jonathan Edwards neste assunto! Ele simplesmente explicou o que significa fazer todas as coisas — inclusive dar graças — para a glória de Deus (ver 1 Co 10.31). Ele mostrou-nos qual é o objetivo do evangelho. O evange- lho tem como objetivo a glória de Deus. E Deus não é glorificado se o fundamento de nossa gratidão pelo evangelho é a apreciação de suas dádivas e não a valorização do Doador. Se a gratidão pelo evangelho não está arraigada na glória de Deus, essa gratidão é idolatria disfarçada. Que Deus nos dê inclinação para vermos, no evangelho, a luz da glória de Deus na face de Cristo. Que Deus nos conceda deleite nele mesmo, por aquilo que Ele é, para que toda a nossa gratidão por seus dons seja o eco de nosso gozo na excelência do Doador!

POR QUE DEUS CRIOU UM MUNDO MATERIAL

Esta é a minha resposta para milhares de perguntas a respeito das coisas boas que Deus tem feito e dado. A criação do mundo material, incluindo nosso corpo, com os cincos sentidos, foi idéia

---

3 *Ibid.*, pp. 250-251.

de Deus. Ele não fez o mundo material principalmente como uma tentação à idolatria, e sim como uma revelação da sua glória. "Os céus proclamam a glória de Deus" (Sl 19.1). Esse é o propósito da existência de milhões de espécies de animais e plantas e de milhões de galáxias. "Tudo que Deus criou é bom, e, recebido com ações de graças, nada é recusável" (1 Tm 4.4). Sim, se a gratidão está fundamentada na contemplação da glória do Doador, que tem de ser mais admirado *do que* todos os seus dons e no Qual temos de nos regozijar em todos os seus dons.

Gostaria de falar mais a respeito disso — o papel da criação em mediar a glória do Criador e a adoração a Ele. Mas dediquei espaço significativo para este assunto em um capítulo intitulado "Como Dirigir o Mundo na Luta por Regozijo", no livro *When I Don't Desire God: How to Fight por Joy* (Quando eu não Desejo a Deus: Como Lutar por Regozijo).[4] Espero que você o leia, se deseja aprofundar-se neste assunto.

Basta dizer que Deus criou o que não é Deus. Portanto, é bom que exista aquilo que não é Deus. Deus criou aquilo que não é Deus porque esta era a melhor maneira de mostrar sua glória a outros seres que não fossem Ele mesmo. Os motivos que Ele tinha para agir assim são, ao mesmo tempo, um amor por *estes seres* e uma *exposição* de sua glória. Eu disse "ao mesmo tempo", porque estas duas coisas acontecem no mesmo ato. Deus é revelado, e somos amados. O amor nos dá o que é melhor para nós. E o melhor para nós é conhecer a Deus e desfrutar dele. Deus sabe melhor como tornar conhecida a plenitude de sua glória, para o nosso desfrute. Isso não ocorreu sem a criação material. Ele demonstrou amor por nós e revelou-se a Si mesmo ao criar o mundo material.

---

4 John Piper, *When I don't Desire God: How to Fight for Joy* (Wheaton, Illinois: Crossway Books, 2004), pp. 175-206.

Isto continua acontecendo à medida que Deus nos dá olhos para ver que toda a criação proclama "a glória de Deus".

A GLÓRIA DE DEUS NO EVANGELHO EXCEDE TODA A SUA GLÓRIA NA NATUREZA

Além disso, Deus foi além da revelação de sua glória na natureza e nos homens, quando agiu redentoramente no mundo material, *depois* da Queda. Ele não fez isso apenas para dar novamente ao homem a visão perdida de Deus, e sim para revelar, no evangelho, a sua glória mais amplamente do que poderia ter sido conhecido sem a Queda e a história da redenção.

John Owen tinha um discernimento perspicaz quanto à revelação singular da glória de Deus no evangelho. Foi nisso que ele fixou sua atenção, enquanto se preparava para morrer e encontrar com Cristo face a face.

> A revelação feita de Cristo no bendito evangelho é muito mais excelente, mais gloriosa e mais abundante de luz da sabedoria e bondade divina do que toda a criação e a justa compreensão dela, se alcançável, podem conter ou proporcionar. Sem este conhecimento, a mente do homem, embora se orgulhe em outras invenções e descobertas, é envolvida em trevas e confusão.[5]

Neste evangelho, assim como na criação (no evangelho, porém, mais do que na criação), o amor de Deus para conosco e sua revelação de Si mesmo acontecem no mesmo ato. O mais sublime ato do amor é dar o melhor dom e, se necessário, ao mais alto preço ao que

---

5 John Owen, *Meditations and Discourses on the Glory of Christ in His Person, Office, and Grace*, em *The Works of John Owen*, vol. 1 (Edimburgo: Banner of Truth, 1965), p. 275.

menos merece. Isto é o que Deus fez. Ao custo da vida de seu Filho, àquele que é completamente imerecedor, Deus outorgou o melhor dom — a revelação da glória de Cristo, que é a imagem de Deus. Nada disso teria sido possível sem a criação do mundo material.

USAMOS O MUNDO PARA BANQUETEAR E PARA JEJUAR

Por conseguinte, não devemos olhar para o mundo material como uma coisa má. Ele está carregado de tentações desta época. Mas a solução para isso não é o retrair-se do mundo. Isto é impossível. Sempre levamos conosco um coração pecaminoso. O caminho de combate que conduz ao céu é um equilíbrio bíblico entre sim e não para o mundo que Deus criou. A disciplina cristã de jejuar e o privilégio cristão de festejar marcam o trajeto deste caminho. Eis a maneira como tentei captar o deleite e o perigo do mundo material em *A Hunger for God (Fome por Deus)*:

> Por que Deus criou o pão e planejou que os seres humanos necessitassem de pão para viverem? Ele pode- ria ter criado a vida sem qualquer necessidade de alimento. Ele é Deus e poderia ter feito isso da maneira que Lhe agradasse. Por que o pão? Por que a fome e a sede? Minha resposta é muito simples: Deus criou o pão a fim de que tivéssemos alguma idéia sobre como é o Filho de Deus, quando Ele disse: "Eu sou o pão da vida" (Jo 6.35). E Deus criou o ritmo de sede e satisfação para que tivéssemos idéias a respeito do que é a fé em Cristo, quando Jesus disse: "O que crê em mim jamais terá sede" (Jo 6.35). Deus não precisava criar seres que necessitas- sem de água e comida e tivessem a capacidade de sentir gostos agradáveis.

O evangelho — Deus como o dom supremo e presente em todas as suas dádivas agradáveis

Mas o homem não é o centro do universo; Deus é. E, como Paulo disse, "dele, e por meio dele, e para ele são todas as coisas" (Rm 11.36). "Para ele" significa que todas as coisas existem para chamar a atenção para Deus e trazer a Ele, admiração. Em Colossenses 1.16, Paulo afirmou mais especificamente que, "tudo foi criado por meio dele [Cristo] e para ele [Cristo]". Portanto, o pão foi criado para a glória de Cristo. Fome e sede foram criadas para a glória de Cristo. E o jejum foi criado para a glória de Cristo.

Isto significa que o pão exalta a Cristo de duas maneiras: por ser comido com gratidão pela bondade dele e por nos privarmos dele por causa de nossa fome pelo próprio Deus. Quando comemos, provamos o símbolo de nosso alimento celestial — o Pão da Vida. E, quando jejuamos, dizemos: "Amo a Realidade acima do símbolo". No coração do santo, o alimentar-se e o jejuar são adoração. Ambos exaltam a Cristo e levam o coração — grato e anelante — ao Doador. Cada um tem o seu lugar designado e cada um tem o seu perigo. O perigo do comer é o de amarmos o dom; o perigo do jejuar é o de menosprezarmos o dom e nos gloriarmos no poder de nossa vontade.[6]

GOZO CONSISTENTE EM DEUS E SUAS DÁDIVAS

Mas, quando o evangelho de Jesus Cristo nos liberta para vermos e experimentarmos a glória de Deus, acima de todas as coisas, o caminho está aberto para experimentarmos gozo integral em Deus e seus dons. Somos capacitados a ver cada dom como um feixe de luz proveniente do sol da glória de Deus. Cada gozo no feixe de luz

---

6 Os dois últimos parágrafos são do livro *A Hunger for God: Desiring God Through Prayer and Fasting*, John Piper (Wheaton, Illinois: Crossway Books, 1997), p. 21.

eleva-se à sua própria fonte e termina ali. Nenhuma coisa criada torna-se um rival, mas apenas uma revelação de Deus. Por isso, podemos dizer que, para a mente libertada pelo evangelho, todo gozo nas coisas criadas é coerente com o gozo em Deus.

Não podemos dizer isto a respeito do incrédulo, que se deleita em muitas das mesmas coisas nas quais o crente se deleita. Podemos dizer ao pai crente: "O seu deleite em seu filho, corretamente experimentado, é um deleite em Deus". Uma pessoa regenerada ouvirá isto, sentirá o seu significado, se regozijará e aprofundará essa experiência. Mas a pessoa não-regenerada não terá a menor idéia a respeito do que estamos falando. Para este, o deleite em um filho é o deleite em um filho, e não em Deus. Isto é uma grande tragédia, é mais uma razão para pregarmos o evangelho e deixar claro o que pretendemos dizer quando afirmamos: *Deus* é o evangelho.

A PROMESSA E O PERIGO DO PODER ESPIRITUAL

Em um mundo material caído, é inevitável que existam provas e tentações. O evangelho vem com grande poder para a salvação — a fim de libertar-nos de tudo que nos impede de ver e experimentar a Deus, acima de todas as coisas. Por conseguinte, o poder é um dos excelentes dons do evangelho. Mas até o poder pode nos iludir. E Deus mostra-se zeloso para que não amemos o poder espiritual mais do que a Ele mesmo.

Deus usará até mesmo um poder espiritual estranho para provar se é a Ele que amamos ou se amamos o dom de poder.

Considere esta admirável prova em Deuteronômio 13.1-3:

> Quando profeta ou sonhador se levantar no meio de ti e te anunciar um sinal ou prodígio, e suceder o tal sinal ou prodígio de que te houver falado, e disser: Vamos após outros

O evangelho — Deus como o dom supremo e presente em todas as suas dádivas agradáveis

> deuses, que não conheceste, e sirvamo-los, não ouvirás as palavras desse profeta ou sonhador; porquanto o SENHOR, vosso Deus, vos prova, para saber se amais o SENHOR, vosso Deus, de todo o vosso coração e de toda a vossa alma.

Em outras palavras, não é somente o mundo material que nos tenta a amarmos a dádiva acima do Doador. O mundo espiritual tem os mesmos perigos. O amor por sinais e maravilhas podem tirar de seu lugar, o amor a Deus assim como qualquer coisa material.

Isto deve nos acautelar a respeito de uma ênfase errônea em milagres como meio de levar pessoas a Cristo. É possível cometer o erro de Simão, o mágico. Ele ficou extasiado pelo poder sobrenatural de Pedro e desejou esse poder, mas, na realidade, ele estava "em fel de amargura e laço de iniqüidade" (At 8.23). Não estou negando o lugar próprio dos milagres, mesmo em nossos dias. Lucas afirmou isso claramente em Atos 14.3: "O Senhor... confirmava a palavra da sua graça, concedendo que, por mão deles, se fizessem sinais e prodígios". Assim, todos os dons de Deus, sinais e maravilhas testemunham a respeito da natureza e caráter de Deus, especialmente sua graça. Mas, assim como os dons materiais, os dons miraculosos podem atrair nosso coração a si mesmos e não a Deus. Esta é a razão por que temos de continuar enfatizando que Deus é o evangelho.

O LAÇO MORTAL ENTRE O PODER ESPIRITUAL E O PRAZER FÍSICO

Jesus mostrou quão intimamente relacionados os prazeres materiais estão aos sinais espirituais de poder. Depois de Jesus haver alimentado cinco mil homens com cinco pães de cevada e dois peixes, as multidões O procuraram novamente. Mas Jesus não viu verdadeiro discipulado no coração deles. Ele disse: "Em verdade, em verdade vos digo: vós me procurais, não porque vistes sinais, mas porque comestes dos pães e vos fartastes" (Jo 6.26). Em outras palavras, eles não compreenderam o objetivo do milagre. O objetivo era ajudá-los a ver a majestade de Cristo e a adorá-Lo. Todavia, o que eles viram foi apenas um milagre. E realmente creram no milagre. Mas esse tipo de crença não honra a Cristo. O diabo também creu no milagre e tremeu. O povo creu e desejava usar o milagre apenas para satisfazer seus meros propósitos naturais. O evangelho não oferece um bônus à vida natural. Oferece a glória toda-satisfatória de Deus na face de Cristo.

Todas as atrações para Deus que não são o próprio Deus são preciosas e precárias. Podem nos levar a Deus ou nos atrair para elas mesmas. Podem ser alimentos, ou casamento, ou a igreja, ou milagres. Todas estas bênçãos trazem cartas de amor da parte de Deus. Contudo, se não enfatizarmos continuamente que Deus mesmo é o evangelho, as pessoas se apaixonarão pelo carteiro — quer seu nome seja perdão dos pecados, ou a vida eterna, ou o céu, ou o ministério, ou milagres, ou a família, ou alimentos.

FIXAMOS UM MARCO EM NOSSO CASAMENTO: DEUS ACIMA DE TUDO

Existem algumas afirmações espetaculares na Bíblia para nos proteger deste erro. Uma de minhas favoritas — em parte porque ela foi lida em nosso casamento, em 1968 — é Habacuque 3.17, 18: "Ainda que a figueira não floresça, nem haja fruto na vide; o produto da oliveira minta, e os campos não produzam mantimento; as ovelhas sejam arrebatadas do aprisco, e nos currais não haja gado, todavia, eu me alegro no SENHOR, exulto no Deus da minha salvação". O que poderia ser mais claro nesta passagem do que o próprio Deus ser mais precioso do que a vida e todos os bens terrenos que a vida nos dá? O alvo deste livro é mostrar que o maior bem comprado e prometido por meio do evangelho é a experiência de conhecer a Deus e desfrutá-Lo em Jesus Cristo.

O AMOR DE DEUS, QUE SUSTÉM A VIDA, É MELHOR DO QUE A VIDA

Davi afirmou a mesma coisa em Salmos 63.1-3:

> Ó Deus, tu és o meu Deus forte; eu te busco ansiosamente; a minha alma tem sede de ti; meu corpo te almeja, como terra árida, exausta, sem água. Assim, eu te contemplo no santuário, para ver a tua força e a tua glória. Porque a tua graça é melhor do que a vida; os meus lábios te louvam.

O mais notável é que Davi disse: "A tua graça é melhor do que a vida". O motivo por que isto é tão notável é que esta "graça" é celebrada repetidamente nos salmos porque ela resgata, protege, preserva e vence os inimigos. É a raiz de centenas de bênçãos terrenas. Mas, quando Davi considera todos dons terrenos da graça de Deus, ele afirma que a graça, em si mesma, "é melhor do que a vida" — a vida onde todos estes dons terrenos são desfrutados. Entendo isso com o significado de que o Deus que amava a Davi era melhor do que todos as dádivas de sua graça.

"NÃO HÁ OUTRO EM QUEM EU ME COMPRAZA"

Esta era a mentalidade do salmista Asafe, quando orou estas palavras que exaltam radicalmente a Deus: "Tu me guias com o teu conselho e depois me recebes na glória. Quem mais tenho eu no céu? Não há outro em quem eu me compraza na terra. Ainda que a minha carne e o meu coração desfaleçam, Deus é a fortaleza do meu coração e a minha herança para sempre" (Sl 73.24-26). Nada existe, no céu ou na terra, em que eu me compraza, ó Deus. Isso tem de significar, primeiramente, que, se todas as coisas boas fossem perdidas, Asafe ainda se regozijaria em Deus. Em segundo, isso tem de significar que, em e por meio de todas as outras coisas boas do céu e da terra, Asafe via a Deus e O amava. Agostinho expressou a mesma coisa desta maneira: "Ama a Ti pouquíssimo, aquele que ama qualquer outra coisa e não a ama por causa de Ti".[7]

Jesus afirmou: "Quem ama seu pai ou sua mãe mais do que a mim não é digno de mim; quem ama seu filho ou sua filha mais do que a mim não é digno de mim" (Mt 10.37). Jesus tem de ser o supremo tesouro de nossa vida. Jesus morreu por nós e ressuscitou para tornar possível para nós o vermos e o experimentarmos a Ele acima de todas as coisas, com gozo eterno. Este é o grande bem que o evangelho tem o propósito de realizar.

Portanto, aqueles que são profundamente saturados pelo evangelho falam como o apóstolo Paulo: "Mas o que, para mim, era lucro, isto considerei perda por causa de Cristo. Sim, deveras considero tudo como perda, por causa da sublimidade do conhecimento de Cristo Jesus, meu Senhor; por amor do qual perdi todas as coisas e as considero como refugo, para ganhar a Cristo" (Fp 3.7-8).

DEUS É A DÁDIVA SUPREMA E PRESENTE EM TODAS AS OUTRAS DÁDIVAS

O que procurei mostrar neste e no capítulo anterior é que, embora o evangelho tenha comprado e prometido muitas dádivas excelentes, desde as espirituais às materiais, Deus mesmo é o bem

---

[7] Agostinho, *The Confessions of St. Augustine* (X, 40), em *Documents of the Christian Church*, ed. Henry Bettenson (Londres: Oxford University Press, 1967), p. 54.

O evangelho — Deus como o dom supremo e presente em todas as suas dádivas agradáveis

supremo prometido no evangelho. Se não vemos e experimentamos o maior bem, *acima* de todos os outros e *em* todos os outros, ainda não sabemos por que as boas-novas são verdadeiramente boas. Jonathan Edwards expressou poderosamente a verdade de que Deus mesmo é a nossa suprema alegria, bem como é a alegria verdadeira e duradoura em todas as outras alegrias.

> Os redimidos têm todo o seu bem objetivo em Deus. O próprio Deus é o grande bem, e os crentes são trazidos, por meio da redenção, à posse e gozo deste grande bem. Ele é o sublime bem, a soma de todos os bens que Cristo comprou; Ele é o quinhão de nossa alma. Deus é a riqueza e o tesouro, a comida, a vida, a habitação, o ornamento, o diadema, a glória e a honra eterna dos redimidos. Eles não têm qualquer outro no céu, exceto Deus. Ele é o grande bem no qual os redimidos são recebidos quando morrem e para o qual ressuscitarão no final do mundo. O Senhor Deus, Ele é a luz da Jerusalém celestial; é o "rio da água da vida" que corre e a árvore da vida que cresce "no paraíso de Deus". As gloriosas excelências e beleza de Deus serão o que entreterão para sempre a mente dos santos, e o amor de Deus será a eterna alegria deles. Os remidos desfrutarão realmente de outras coisas; desfrutarão dos anjos e de uns aos outros. Mas o que os redimidos desfrutarão nos anjos, ou uns nos outros, ou em qualquer outra coisa, que lhes trará deleite e felicidade, será o que contemplarão de Deus neles.[8]

---

8 Jonathan Edwards, "God Glorified in the Work of Redemption, by the Greatness of Man's Dependence upon Him, in the Whole of It (1731)" (sermão sobre 1 Coríntios 1.29-31), em *The Sermons of Jonathan Edwards: A Reader*, ed. Wilson H. Kimnach, Kenneth P. Minkema e Douglas A. Sweeney (New Haven, Connecticut: Yale University Press, 1999), pp. 74-75.

*Pai, a minha vontade
é que onde eu estou, estejam também
comigo os que me deste, para que vejam a minha
glória que me conferiste, porque me amaste antes da fundação
do mundo. Pai justo, o mundo não te conheceu; eu, porém, te
conheci, e também estes compreenderam que tu me enviaste.
Eu lhes fiz conhecer o teu nome e ainda o farei conhecer,
a fim de que o amor com que me amaste
esteja neles, e eu neles esteja.*
JOÃO 17.24-26

11

O EVANGELHO — O QUE O TORNA ESSENCIALMENTE BOM: VER A GLÓRIA OU SER GLORIOSO?

As melhores novas do evangelho cristão é que o supremamente glorioso Criador do universo, agiu na morte e ressurreição de Cristo Jesus para remover todo obstáculo entre nós e Ele mesmo, de modo que encontremos gozo eterno em ver e experimentar sua beleza infinita. O amor salvífico de Deus se mostra em sua atitude de fazer tudo o que tinha de ser feito, a grande custo para Si mesmo, para aqueles que menos o mereciam, de modo que os cativasse com aquilo que os tornasse extremamente felizes para sempre, ou seja, Ele mesmo.[1] Por isso, o evangelho de Deus e o amor de Deus são expressos, final e completamente, em Deus nos dar a Si mesmo para nosso eterno prazer. "Na tua presença há plenitude de alegria, na tua destra, delícias perpetuamente" (Sl 16.11).

CRISTO É O QUINHÃO QUE SATISFAZ A ALMA

Aqueles que têm visto mais claramente a Deus, na face de Cristo, e experimentado-O com maior plenitude nos descrevem ao

---

1 Reflexões sérias sobre a relação entre as duas metades da resposta à primeira pergunta do Catecismo de Westminster ("O principal objetivo do homem é glorificar a Deus e desfrutá-Lo para sempre") encontram-se em "The First Question of the Westminster Shorter Cathecism", escrito por Benjamin B. Warfield, em *The Westminster Assembly and Its Work*, vol. 6, *The Works of Benjamin B. Warfield* (Grand Rapid, Michigan: Baker, 2003), pp. 379-400.

que se assemelha esta experiência. Jonathan Edwards abre a janela de sua própria alma e do significado do evangelho, com estas palavras exultantes:

> Os que têm a Cristo, esses têm um quinhão que sa- tisfaz a alma. Desfrutam dos prazeres e dos consolos mais verdadeiros. Nisto devemos encontrar a própria felicidade da alma. Menos sujeitos a acidentes e mudan- ças... Este é o melhor emprego para o entendimento... Os que têm a Cristo, esses têm riquezas maiores e me- lhores do que os outros... Melhor honra... prazeres muito melhores do que os dos homens sensuais. Os gozos são agradavelmente mais prazerosos do que já desfrutaram os maiores epicureus. [Não existem] prazeres como os que resultam das iluminações do Espírito de Cristo, das descobertas da beleza de Cristo e das manifestações de seu amor.[2]

Esta foi a razão por que Jesus disse que os puros são bem-aventurados — porque eles "verão a Deus" (Mt 5.8). E também por que Davi afirmou: "Uma coisa peço ao SENHOR, e a buscarei: que eu possa morar na Casa do SENHOR todos os dias da minha vida, *para contemplar a beleza do SENHOR e meditar no seu templo*" (Sl 27.4). Contemplar a beleza de Deus sempre tem sido o supremo desejo daqueles que O conhecem melhor.

O LOUVOR HUMANO É PARA O EGO O QUE O SEXO É PARA O CORPO

O resultado de dizermos isso é que o amor de Deus e o evangelho de Deus são radicalmente teocêntricos. Deus nos ama dando-

---

2 Jonathan Edwards, "Glorying in the Savior", em *Sermons and Discourses 1723-1729*, em *The Works of Jonathan Edwards*, Vol. 14, ed. Kenneth P. Minkema (New Haven, Connecticut: Yale University Press, 1997), p. 467.

O evangelho — o que o torna essencialmente bom: ver a glória ou ser glorioso?

-nos a Si mesmo para O desfrutarmos. O evangelho é boas-novas porque nos conta que Deus agiu em Cristo não apenas para que tenhamos o céu, e sim para que tenhamos a Deus mesmo. "Todo aquele que ultrapassa a doutrina de Cristo e nela não permanece *não tem Deus*" (2 Jo 9). O supremo bem do evangelho é "ter a Deus" como nosso tesouro para sempre.

O amor teocêntrico de Deus é estranho para os seres humanos caídos, especialmente para aqueles que, como a maioria de nós, têm sido saturados, por décadas, com doutrinas de auto-estima. Temos absorvido uma definição de amor que faz de *nós* o centro. Ou seja, nos sentimos amados quando alguém nos valoriza muito. Assim, a definição natural e humana do amor é valorizar muito a alguém. A razão principal por que isto parece com amor é que dá uma sensação tão boa o ser valorizado. O problema é que isto dá esta sensação boa em bases completamente naturais. Nada existe de espiritual nisto. Nenhuma mudança em nós é necessária para experimentarmos este tipo de "amor". Este amor é totalmente natural. Opera com base em princípios que já estão presentes em nossa alma caída, pecaminosa e espiritualmente morta.

O fundamento do amor natural, finalmente, sou eu mesmo, e não Deus. Se você me valoriza, eu me sinto amado, porque eu sou o alicerce final de minha felicidade. Deus não tem o lugar dele. Ele deveria ter, mas não tem. Isso é o que significa ser natural e não convertido. O mais profundo alicerce de minha felicidade sou eu mesmo.

QUANDO O NÃO-CONVERTIDO SE TORNA RELIGIOSO

Causa-nos pasmo o fato de que pessoas podem se tornar religio- sas e não serem convertidas. Isto é, elas se unem a uma igreja, começam a ler a Bíblia, e praticar atos religiosos sem mudança no alicerce de sua felicidade. Elas mesmas são este alicerce. Tais pessoas são o fundamento de sua alegria. Ser valorizado é a definição de amor que tais pessoas trazem consigo à igreja. Assim, aquilo que satisfaz a sua necessidade de sentirem-se valorizadas é sentido como expressão de amor. Algumas igrejas estão de tal modo desorientadas em sua teologia, que chegam a nutrir essa necessidade e chamam isso de amor. Interpretam todos os bons sentimentos na igreja como provenientes da graça de Deus, quando, de fato, os princípios naturais explicam muitos desses sentimentos.

Outras igrejas podem não nutrir a fome de ser valorizado, mas pessoas não-convertidas podem interpretar tudo o que acontece na igreja como uma satisfação dessa fome. Portanto, quando o amor de Deus é pregado, elas o ouvem com o significado que Deus as considera muito importantes. Elas podem até sentir fortes afeições para com Deus, enquanto vêm a Deus como que endossando o prazer delas em serem o alicerce de sua própria felicidade. Se Deus pode ser visto como o capacitador da auto-exaltação dessas pessoas, elas se sentirão felizes em praticar algum tipo de exaltação de Deus. Se Deus está centralizado no homem, tais pessoas estão dispostas a estarem, em algum sentido, centralizadas em Deus.

COMO OS HIPÓCRITAS SE REGOZIJAM EM DEUS

Nada disso é espiritual. É puramente natural. Deus tem sido reinterpretado para se enquadrar nas categorias corrompidas do egoísmo humano. Isto é difícil de percebermos, porque o homem é capaz de muitas realizações boas enquanto está sob a motivação do louvor humano. Em outras palavras, sistemas completos de imitação do cristianismo podem ser construídos sobre imagens distorcidas do amor de Deus e do evangelho de Deus. Jonathan

*O evangelho — o que o torna essencialmente bom:
ver a glória ou ser glorioso?*

Edwards aprendeu isso para a sua própria tristeza, enquanto estudava as permutações da hipocrisia nos tristes resultados do Grande Avivamento. Já me referi, de modo breve, a este discernimento no capítulo anterior; agora apresento uma citação maior:

Esta é... a... diferença entre o regozijo do hipócrita e o do verdadeiro santo. O [hipócrita] se regozija em si mesmo; o ego é o principal alicerce do seu regozijo. O [verdadeiro santo] se regozija em Deus... O verdadeiro santo tem uma mente que, em primeiro lugar, se compraz e se deleita nas idéias agradáveis da gloriosa e amável natureza das coisas de Deus. E isto é a fonte de todos os deleites dele e o âmago de todos os seus prazeres... Mas a dependência das afeições dos hipócritas se revela em ordem contrária: primeiramente, *eles se regozijam... no fato de que são valorizados por Deus; depois, com base nisso, Deus parece, de algum modo, amável para eles*.[3]

Por conseguinte, é possível até vermos a Deus como, "de algum modo", amável, quando não somos cristãos genuínos. Se Deus pode ser visto como servo de nosso amor próprio, então, podemos vê-Lo como amável. Se nos valorizar, estaremos dispostos a valorizá-Lo até certa medida.

EM CERTO SENTIDO, DEUS NOS VALORIZA

Veremos posteriormente neste capítulo que, em certo sentido, Deus valoriza o seu povo. Mas a diferença no caso das pessoas não convertidas é precisamente esta: o *fundamento* do regozijo delas é que Deus as valoriza. A questão não é apenas se Deus pode aprovar ou até elogiar o seu povo (o que Ele faz). A questão

---

[3] Jonathan Edwards, *Religious Affections*, em *The Works of Jona- than Edwards*, Vol. 2, ed. John Smith (New Haven, Connecticut: Yale University Press, 1959), pp. 249-250. Ênfase acrescentada.

é: qual é o fundamento de nosso regozijo? Qual é a base de nossa felicidade? É Deus ou somos nós mesmos?

CONVERSÃO: A MISERICORDIOSA DESTRUIÇÃO DE NOSSO REGOZIJO INFERIOR

A conversão cristã é o despertamento espiritual de nossa alma para a glória de Deus como o fundamento de nosso regozijo. A conversão é a descoberta espiritual de que ser amado por Deus não é a aprovação divina de nossa paixão por auto-exaltação. Na realidade, ser amado por Deus é a misericordiosa destruição dessa paixão. E a destruição não é um fim em si mesma. Ocorre para dar lugar à experiência sobrenatural de sermos verdadeiramente amados por Deus — ou seja, sermos capacitados por Ele a nos regozijarmos na exaltação dele como um fim em si mesmo. A exaltação espiritual de Deus não é um meio que nos leva ao prazer da auto-exaltação.

Ser amado por Deus é a maravilhosa substituição do *eu* como fundamento de nosso regozijo. A glória de Deus assume o lugar do *eu*. Muitas pessoas sabem que as maiores experiências de regozijo nesta vida — aquelas que chegam bem perto de serem figuras do perfeito gozo no céu — não são experiências de auto-afirmação, e sim de auto-esquecimento na presença de algo majestoso. Esses momentos são poucos em nossa vida. A maior parte do tempo, nosso gozo em esplendores fora de nós mesmos está contaminado por auto- consciência e pelo anelo de nosso eu em ter alguma parte na maravilha. Mas temos provado bastante do gozo de auto-esquecimento para nos ajudar a conhecer o que realmente significa ser amado por Deus. O melhor dom de Deus não é o dom da auto-estima. O melhor dom de Deus é Ele mesmo — para nosso gozo eterno e sempre crescente. Ser amado por Deus é a exultante libertação do salão de espelhos que antes pensávamos nos traria felicidade — se pudéssemos gostar do que víamos. O céu não é um salão de espelhos. Ou talvez deveríamos dizer: o céu é um mundo em que todas as coisas criadas se tornaram espelhos, e todos eles posicionados em ângulos de 45º. Para onde quer que olhemos — em toda criatura — vemos o reflexo de Deus.

DEUS USA TEXTOS PARA ERGUER O VÉU

Mas parece que a definição do amor divino centralizada no homem têm se aprofundado tanto, que muitos não podem vê-lo de outra maneira. De fato, é impossível até que Cristo erga o véu e sejamos capazes de ver a glória de Deus como nosso maior tesouro.

Deus usa meios para erguer o véu, e um desses meios é a Escritura. Será útil, portanto, focalizarmos nossa atenção em alguns textos especialmente convenientes para mostrarem a glória de Deus como o melhor dom do amor de Deus. Descobri que vários textos, no Evangelho de João, mantêm erguido o véu para vermos o amor de Deus centralizado em Deus. Um desses textos é a história da enfermidade e morte de Lázaro, em João 11.1-6.

Estava enfermo Lázaro, de Betânia, da aldeia de Maria e de sua irmã Marta. Esta Maria, cujo irmão Lázaro estava enfermo, era a mesma que ungiu com bálsamo o Senhor e lhe enxugou os pés com os seus cabelos. Mandaram, pois, as irmãs de Lázaro dizer a Jesus: Senhor, está enfermo aquele a quem amas. Ao receber a notícia, disse Jesus: Esta enfermidade não é para morte, e sim para a glória de Deus, a fim de que o Filho de Deus seja por ela glorificado. Ora, amava Jesus a Marta, e a sua irmã, e a Lázaro. Quando, pois, soube que Lázaro estava doente, ainda se demorou dois dias no lugar onde estava.

A ESTRANHA ESCOLHA DE TEMPO DO AMOR DE CRISTO

A primeira coisa admirável nesta passagem é que Jesus não partiu imediatamente para chegar em tempo de curar Lázaro. Jesus "se demorou dois dias no lugar onde estava" (v. 6). Em outras palavras, Ele se demorou intencionalmente e deixou Lázaro morrer. A segunda coisa admirável nesta passagem é que essa demora é descrita como resultado do amor de Jesus por seus amigos. Observe a palavra "pois",[4] no início do versículo 6: "Amava Jesus a Marta, e a sua irmã, e a Lázaro. Quando, *pois*... ainda se demorou dois dias". Jesus deixou Lázaro morrer *porque* o amava, bem como a suas irmãs.

Qual o sentido dessa demora? Jesus nos dá a resposta no versículo 4, quando Ele disse aos seus discípulos por que Lázaro estava doente: "Esta enfermidade não é para morte, *e sim para a glória de Deus, a fim de que o Filho de Deus seja* por ela *glorificado*". Jesus tinha um plano. Ele deixaria Lázaro morrer para que o ressuscitasse do mortos. Este plano envolvia um custo. Lázaro teria de passar pelos tormentos da morte, e sua família suportaria quatro dias de tristeza por sua morte. Mas Jesus considerou digno o custo. A explicação de Jesus tem duas partes. Primeira: ao deixar Lázaro morrer, a fim de ressuscitá-lo dos mortos, o alvo de Jesus era mostrar a glória de Deus Pai e de Deus Filho. Segundo, nesta custosa revelação de sua glória, Jesus mostraria o seu amor por aquela família. Disto eu concluo que Jesus amou aquela família primariamente por fazer o que tinha de ser feito para revelar-lhes, de modo convincente, sua própria glória.

---

[4] A Bíblia NVI ignora o significado universal do vocábulo οὖν no sentido de "portanto" e apresenta o verso como adversativo, em vez de conclusivo, ao traduzir esse vocábulo por "no entanto" — "No entanto, quando ouviu falar que Lázaro estava doente..." D. A. Carson observa: "A tradução da NVI no início do versículo 6 não tem apoio lingüístico... A demora de dois dias foi motivada pelo amor de Jesus por Marta, Maria e Lázaro" — *The Gospel of John* (Grand Rapids, Michigan, Eerdmans, 1991), p. 407.

*O evangelho — o que o torna essencialmente bom:
ver a glória ou ser glorioso?*

O ININTELIGÍVEL AMOR DE CRISTO

Muitos hoje chamariam Jesus de insensível e desamável por deixar Lázaro morrer. E acrescentariam esta censura: Ele é convencido e presunçoso, se estava motivado por um desejo de revelar sua própria glória. O que isto mostra é como a maioria das pessoas valoriza uma vida sem sofrimento muito mais do que a glória de Deus. Para a maioria, o amor é qualquer coisa que coloca o valor e o bem-estar do homem no ponto mais elevado. Por isso, classificar o comportamento de Jesus como amável é ininteligível para tais pessoas.

No entanto, aprendamos de Jesus o que é o amor e o nosso verdadeiro bem-estar. *O amor é fazer o que tem de ser feito para que as pessoas vejam e experimentem a glória de Deus em Cristo, para sempre.* O amor mantém a Deus no centro. Imitar a Jesus nesta atitude não significa que amamos por procurarmos mostrar *nossa* glória. Imitar significa que procuramos mostrar a glória *de Jesus*. Ele buscava a sua própria glória e a de seu Pai. Devemos buscar a glória de Jesus e de seu Pai. Jesus é o único ser do universo para quem a auto-exaltação é a mais elevada virtude e mais sublime ato de amor. Ele é Deus. Por conseguinte, o melhor dom que Ele pode dar é a revelação de Si mesmo. Não somos Deus. Por isso, não é amável de nossa parte indicarmos a nós mesmos para as pessoas como fundamento do regozijo delas. Isso seria uma falta de atenção desamorosa. O amor significa ajudar as pessoas a verem e experimentarem a Cristo para sempre.

COMO CRISTO NOS AMA COM ORAÇÃO QUE EXALTA A ELE MESMO

Jesus confirma que estamos no caminho certo ao orar por nós, conforme relatado em João 17, suplicando que Deus O glorificasse e que víssemos a sua glória. Estou supondo que, quando Jesus orou por nós, o que Ele afirmou estar fazendo ("Não rogo somente por estes, mas também por aqueles que vierem a crer em mim, por intermédio da sua palavra" — v. 20): estava expressando seu amor. Sua oração é um ato de amor. Portanto, de acordo com o que vimos em João 17, Ele orou: "Pai... glorifica a teu Filho, para que o Filho te glorifique a ti... agora, glorifica-me, ó Pai, contigo mesmo, com a glória que eu tive junto de ti, antes que houvesse mundo" (vv. 1, 5).

Embora pareça estranho, o amor de Jesus por nós transborda em uma oração de que Ele mesmo seja glorificado. Mas não é estranho para aqueles cujo véu de centralidade no homem já foi erguido. Esta é a própria glória para a qual fomos criados. Ver a glória de Deus em Cristo é o dom mais elevado e o maior prazer que somos capazes de desfrutar. Dar-nos isto é o que significa o amor.

No versículo 24, Jesus deixa claro que orava por sua própria glória, para que fôssemos capazes de vê-la. "Pai, a minha vontade é que onde eu estou, estejam também comigo os que me deste, para que *vejam a minha glória* que me conferiste, porque me amaste antes da fundação do mundo." A razão por que Ele orou por sua glória, no versículo 1, era que pudesse suplicar no versículo 24 que fôssemos capazes de ver essa glória. O amor de Jesus O impulsionou a orar por nós e, depois, a morrer em nosso favor, não para que o nosso valor seja central, e sim que *sua glória* seja central, de modo que a víssemos e a experimentássemos por toda a eternidade. Este é o maior bem nas boas-novas do evangelho. "Pai, a minha vontade é que... estejam também comigo... para que *vejam a minha glória*". Isto é o que significa para Jesus o amar-nos. O amor divino labuta e sofre para nos cativar com aquilo que é infinita e eternamente satisfatório: Deus em Cristo.[5]

---

[5] Estes pensamentos sobre João 11 e 17 foram publicados origi- nalmente em "Quão Singular e Maravilhoso é o amor de Cristo!", em meu livro *Penetrado pela Palavra* (Editora Fiel: São José dos Campos, SP, 2006), pp. 9-13.

O evangelho — o que o torna essencialmente bom: ver a glória ou ser glorioso?

A DICOTOMIA INJUSTA

A pergunta que deveríamos fazer a nós mesmos, enquanto nos gloriamos no evangelho e nos deleitamos no amor de Deus, é esta: nos sentimos amados por Deus porque Ele nos valoriza ou porque Ele, a grande custo para Si mesmo, fez tudo o que precisava ser feito, por meio de Jesus Cristo, para que nos regozijássemos em valorizá- Lo para sempre? Esta é uma pergunta reveladora.

Entretanto, também é uma pergunta levemente injusta, se a linguagem é tomada estritamente e não no espírito de tudo o que está escrito neste capítulo. O que é injusto é o fato de que essa pergunta o prende em uma dicotomia entre duas escolhas que podem não ser mutuamente exclusivas.[6] Ambas podem ser verdadeiras. Admiti isso anteriormente. Existe um sentido em que Deus *realmente* nos valoriza. Isso é indisputável. O que estou argumentando é que isso não é o fundamento crucial de nosso regozijo. Se não é, então, como essa valorização se encaixa nas boas-novas do evangelho? Responder essa pergunta nos levará às reflexões finais sobre o significado da glorificação e nos mostrará se o *ser* semelhantes a Cristo ou o *ver* a glória dele é o bem supremo das boas-novas.

COMO DEUS NOS VALORIZA?

A maneira como Deus nos valoriza é por nos criar à sua imagem e chamar esta criação de "muito boa". Então, após a queda, Ele prossegue na restauração dessa imagem caída. Todavia, Deus vai além da restauração a um novo nível de transformação, ou seja, a conformidade com o Filho encarnado. "Assim como trouxemos a

---

6 Tom Seller, meu colega e amigo por mais de vinte e cinco anos, deve receber o crédito por esclarecer-me este fato e ajudar-me a escrever o restante deste capítulo da maneira como o fiz. O que escrevi não poderia ter equilíbrio bíblico sem a proveitosa ajuda de Tom.

imagem do que é terreno, devemos trazer também a imagem do celestial" (1 Co 15.49). Nossa transformação à imagem de Cristo se realiza progressivamente nesta vida e será aperfeiçoada na ressurreição. A glória de Deus que obtemos desta maneira resulta em recebermos apreciação da parte dele.

Existem claros indicadores bíblicos desta notável dignidade que Deus, espontânea e graciosamente, nos outorga apesar de nossa pecaminosidade. "Criou Deus, pois, o homem à sua imagem, à imagem de Deus o criou; homem e mulher os criou... Viu Deus tudo quanto fizera, e eis que era muito bom" (Gn 1.27, 31). E, em nossa conversão a Cristo, Deus começa tudo outra vez — "Se alguém está em Cristo, é nova criatura" (2 Co 5.17). "Pois somos feitura dele, criados em Cristo Jesus para boas obras" (Ef 2.10). "E vos revestistes do novo homem que se refaz para o pleno conhecimento, segundo a imagem daquele que o criou" (Cl 3.10).

O alvo da obra criadora de Deus, em seu povo, é conformar-nos à imagem de Cristo. "Aos que de antemão conheceu, também os predestinou para serem conformes à imagem de seu Filho, a fim de que ele seja o primogênito entre muitos irmãos" (Rm 8.29). "E todos nós, com o rosto desvendado, contemplando, como por espelho, a glória do Senhor, somos transformados, de glória em glória, na sua própria imagem, como pelo Senhor, o Espírito" (2 Co 3.18).

Esta conformidade com Cristo significa que compartilhamos da glória de Deus — tanto espiritual como fisicamente. Inclui nosso corpo. Quando Cristo vier de novo, Ele "transformará o nosso corpo de humilhação, para ser igual ao corpo da sua glória" (Fp 3.21). Paulo chamou de "glorificação" aquilo que acontecerá conosco — "Aos que predestinou, a esses também chamou; e aos que chamou, a esses também justificou; e aos que justificou, a es-

O evangelho — o que o torna essencialmente bom: ver a glória ou ser glorioso?

ses também *glorificou*" (Rm 8.30). A glória será insuportavelmente brilhante, e precisaremos de novos olhos para contemplarmos uns aos outros com prazer, porque "os justos resplandecerão como o sol, no reino de seu Pai" (Mt 13.43).

Seremos como uma noiva preparada para seu esposo imaculado: "Cristo amou a igreja e a si mesmo se entregou por ela, para que a santificasse... para a apresentar a si mesmo igreja gloriosa, sem mácula, nem ruga, nem coisa semelhante, porém santa e sem defeito" (Ef 5.25-27). Esta glorificação da noiva de Cristo — os filhos de Deus — será tão central ao que acontecerá na nova criação, que Paulo afirmou que toda a criação obterá a sua transformação a partir da nossa — "Na esperança de que a própria criação será redimida do cativeiro da corrupção, para a liberdade da glória dos filhos de Deus" (Rm 8.21).

O resultado desta admirável transformação será que Deus mesmo olhará para nós com prazer e deleite. "O SENHOR, teu Deus, está no meio de ti... ele se deleitará em ti com alegria; renovar-te-á no seu amor, regozijar-se-á em ti com júbilo" (Sf 3.17). Pedro disse que a fé provada e refinada dos crentes redundará "em louvor, glória e honra na revelação de Jesus Cristo" (1 Pe 1.7). E Paulo declarou que o louvor do verdadeiro crente " não procede dos homens, mas de Deus" (Rm 2.29) e que, no Julgamento, "cada um receberá o seu louvor da parte de Deus" (1 Co 4.5). Conhecendo isto, Paulo diz que os verdadeiros crentes, "perseverando em fazer o bem, procuram glória, honra e incorruptibilidade" (Rm 2.7). E afirmou sobre os crentes de Tessalônica que, por causa do que Deus havia feito na vida deles, por meio do seu ministério, eles seriam sua "esperança", "alegria" e "coroa em que exultamos, na presença de nosso Senhor Jesus em sua vinda" (1 Ts 2.19).

VEREMOS A GLÓRIA E SEREMOS GLORIOSOS

Neste sentido, então, podemos afirmar que Deus nos valoriza. Veremos a beleza de Deus e a refletiremos. *Veremos a glória e seremos gloriosos.* Jonathan Edwards apresentou esse fato nas seguintes palavras:

> Quão feliz é o amor em que existe eterno progresso em todas estas coisas, nas quais *novas belezas são con- tinuamente descobertas*, e mais e mais amabilidade, e nas quais *nós mesmos cresceremos em beleza para sem- pre*. Seremos capacitados a encontrar, dar e receber mais e mais expressões carinhosas de amor, para sempre; nossa união se tornará mais achegada, e nossa comunhão, mais íntima.[7]

Tanto o ver como o ser crescerão para sempre: "Novas belezas são continuamente descobertas" em Deus, e "nós mesmos cresceremos em beleza para sempre". Uma mente finita não pode conhecer plenamente uma mente infinita. Nossas finitas capacidades de prazer não podem conhecer inteiramente todo o gozo que existe para ser desfrutado em uma fonte infinita. Por conseguinte, a era por vir será um eterno crescimento de aprendizado e amor.[8] Isto significa que a verdade de 2 Coríntios 3.18 nunca

---

7 Jonathan Edwards, *The "Miscellanies"*, em *The Works of Jonathan Edwards*, vol. 13, ed. Thomas A. Schaefer (New Haven, Connecticut: Yale University Press, 1994), pp. 336-337 (Miscellany #198).

8 "Se houver qualquer mudança, essa ocorrerá como resultado do crescimento do amor; por causa da percepção intelectual melhor e do conhecimento de Deus, bem como das coisas divinas; por causa de uma afetuosa comunhão com Deus em Cristo, incessante e crescente; por causa de uma capacidade crescente de contemplar a glória de Cristo, por causa da glorificação da nação espiritual em adoração e culto ao Senhor" — James Petigru Boyce, em *Abstract of Systematic Theology* (1887; reimpresso, Escondido, Califórnia: Dulk Christian Foundation), pp. 475-476.

cessa —"Contemplando, como por espelho, a glória do Senhor, somos transformados, de glória em glória, na sua própria imagem". Quanto melhor O contemplarmos, tanto melhor O refletiremos — por toda a eternidade.

TEMOS DE SER COMO CRISTO PARA VERMOS A PLENITUDE DE SUA GLÓRIA

Assim, a pergunta final é esta: o maior bem comprado e prometido no evangelho é o tornarmo-nos semelhantes ao glorioso Cristo ou o contemplarmos a sua glória? Ou seja, como Romanos 8.29 ("Também os predestinou para serem conformes à imagem de seu Filho") se relaciona com João 17.24 (Pai, a minha vontade é que onde eu estou, estejam também comigo os que me deste, para que vejam a minha glória")?

Existe um indício em Romanos 8.29 e sua conexão com Colossenses 1.18. Paulo disse: "Aos que de antemão [Deus] conheceu, também os predestinou para serem conformes à imagem de seu Filho" (Rm 8.29). Qual a significância destas palavras de Paulo: "... *a fim de que ele seja o primogênito entre muitos irmãos*"? O termo "primogênito" [πρωτότοκον] é importante. É usado também em Colossenses 1.18: "Ele é o princípio, o *primogênito* [πρωτότοκος] de entre os mortos, *para em todas as coisas ter a primazia*". No sentido mais elementar, Cristo morreu e ressuscitou dos mortos como o primogênito de muitos irmãos, para que seja visto e desfrutado como preeminente, superior e gloriosamente grande.

Em outras palavras, nosso destino de sermos semelhantes a Cristo refere-se, em última instância, a sermos preparados e capacitados a ver e experimentar a glória da superioridade dele. Temos de possuir o caráter e a semelhança de Cristo para que O conheçamos, O vejamos, O amemos e O admiremos como devemos. Ao acrescentar estas palavras: "A fim de que ele seja o primogênito entre muitos irmãos", Paulo deixou claro que Cristo sempre é supremo aos seus irmãos. Tornamo-nos semelhantes a Cristo não apenas para sermos seus irmãos — o que é verdadeiro e maravilhoso — mas, principalmente, para termos uma natureza que é plenamente capaz de viver em temor para com Cristo, como Aquele que tem "a primazia" em todas as coisas (Cl 1.18).

Se não tivéssemos palavras como as que encontramos no final de Romanos 8.29 e Colossenses 1.18, quão facilmente cairíamos em um ponto de vista humanista da transformação do homem. Tenderíamos a fazer de nossa semelhança a Cristo o alvo final do evangelho. Nossa semelhança a Cristo é um alvo — um alvo glorioso, mas não é o alvo final. Ver, experimentar e mostrar a supremacia de Cristo é o alvo final.

UM TESTE PESSOAL PARA O QUE É CRUCIAL EM NOSSO CORAÇÃO

Deveríamos testar a nós mesmos com algumas perguntas. É correto buscar a semelhança a Cristo. Todavia, a pergunta é: por quê? Qual é a fonte de nossa motivação? Considere alguns atributos de Cristo que devemos buscar e faça estas perguntas:

- Quero ser *forte* como Cristo, para que seja admirado como forte ou para que possa vencer cada adversário que me seduz a buscar qualquer prazer, em vez de admirar a pessoa mais forte do universo, Cristo?
- Quero ser *sábio* como Cristo, para que seja admirado como sábio e inteligente ou para que possa discernir e admirar Aquele que é o mais verdadeiramente sábio?

*O evangelho — o que o torna essencialmente bom:
ver a glória ou ser glorioso?*

- Quero ser *santo* como Cristo, para que seja admirado como santo ou para que seja livre de todos os embaraços impuros que me impedem de ver e experimentar a santidade de Cristo?
- Quero ser *amável* como Cristo, para que seja admirado como uma pessoa amável ou para que tenha o gozo de estender aos outros, mesmo em sofrimentos, o todo-satisfatório amor de Cristo?

A pergunta não é se teremos toda esta gloriosa semelhança com Cristo. Nós a teremos. A pergunta é: para quê? Tudo descrito em Romanos 8.29, 30 — toda a obra de Deus: o escolher-nos, predestinar- nos, chamar-nos, justificar-nos e trazer-nos à glória final — foi planejado por Deus não para, *em última instância*, valorizar-nos, e sim para libertar-nos e preparar-nos a fim de vermos e valorizarmos a Cristo para sempre.

O OBJETIVO FINAL NÃO É SER E VER, MAS DELEITAR-SE E MANIFESTAR

Talvez não tenhamos apresentado a pergunta na melhor maneira. Ao perguntar se *ver* a Deus ou *ser* como Ele é o maior bem do evangelho, podemos ter ficado aquém do propósito de ver e ser. Talvez, nem um nem o outro seja o propósito final. Não seria melhor dizermos que o benefício final do evangelho, o benefício que torna boas-novas todas as suas outras partes, não é o ver nem o ser, mas o *deleitar-se* e o *manifestar* — ou seja, deleitar-se em e manifestar "a glória de Deus, na face de Cristo" (2 Co 4.6). Em outras palavras, não ocorre que *contemplamos* e, conseqüentemente, *nos tornamos* (2 Co 3.18; 1 Jo 3.2) e que *nos tornamos* e, conseqüentemente, *contemplamos* (Mt 5.8; 2 Co 4.6), a fim de que, em última instância, *nos deleitemos e manifestemos* a Deus? Tornar-se e contemplar são os meios que conduzem ao objetivo de deleitar-se e manifestar.

Jesus indica isso na maneira como Ele terminou sua oração, em João 17. No versículo 24, Jesus rogou que estivéssemos onde Ele está, para vermos a sua glória. A ênfase recai sobre o grande dom do evangelho, o dom de vermos a glória divina. Mas, a afirmação final da oração de Jesus, no versículo 26, é uma promessa que chama atenção ao deleite que experimentaremos em vermos esta glória: "Eu lhes fiz conhecer o teu nome e ainda o farei conhecer, *a fim de que o amor com que me amaste esteja neles*, e eu neles esteja".

Esta é uma promessa admirável. Jesus estava dizendo não somente que veremos a sua glória, mas que, quando O virmos, nós O amaremos com o próprio amor que o Pai tem pelo Filho — "... *a fim de que o amor com que me amaste esteja neles*". Este é um amor que consiste em deleite supremo. O Pai tem regozijo infinito na glória de seu Filho. Temos a promessa de que compartilharemos desse regozijo. Isto significa que ver e ser, por si mesmos, não são o benefício final do evangelho. Ver leva a *experimentar*, pois, do contrário, não é boa-nova, de maneira alguma.

A MANIFESTAÇÃO DA GLÓRIA DE DEUS SERÁ ESPIRITUAL E FÍSICA

Então, por meio deste experimentar ou deleitar-se na glória de Deus, vem o *manifestar*, que acontece tanto interna como externamente. Internamente, o sentimento de deleite magnifica, por si mesmo, o valor de Deus como nosso supremo tesouro. Deus é glorificado em nós quando nos satisfazemos nele. Externamente, *obras* que glorificam a Cristo fluem deste gozo de Cristo. Tudo o que dissemos no capítulo anterior sobre a importância da criação material é crucial neste ponto. Toda a criação, especialmente a humanidade redimida, refletirá e manifestará, de modo visível e material, a glória de Deus. Será espiritual e física. Tanto o gozo de nosso coração que exalta a Cristo quanto as obras de nossos corpos ressuscitados que exaltam a Cristo tornarão conhecida a glória de Deus.[9]

Então, como devemos falar sobre o nosso futuro *ver* e *ser*, se eles não são o dom crucial do evangelho? Como podemos falar sobre o sermos "participantes da natureza divina" (2 Pe 1.4) e de sermos "conformes à imagem de seu Filho" (Rm 8.29) e de vermos a sua glória (Jo 17.24)? Finalmente, como falaremos sobre o sermos valorizados por Deus?

UMA INTERMINÁVEL ONDA DE REVELAÇÃO CRESCENTE DA GLÓRIA DIVINA

Ai de nós, se falamos sobre a nossa existência, ou o nosso ser, por amor dela mesma! Deus nos tem dado existência. É uma grande maravilha, cheia de tremor e temor. Existimos por causa dele, por

---

[9] Jonathan Edwards descreveu a relação entre percepções físicas prazerosas, por um lado, e deleites espirituais em Deus, por outro lado, na era vindoura, após recebermos corpos ressuscitados: "Em um sentido, este prazer resultante da percepção externa terá a Deus como seu objeto, será uma evidência da glória externa de Cristo e será de tal modo ordenado, em seus graus e circunstâncias, que se mostrará completa e absolutamente subserviente à visão espiritual daquela glória divina espiritual, da qual isto será uma semelhança, como representação eterna, e subserviente aos deleites espirituais superiores dos santos. Esta é a maneira como o corpo, em todos os aspectos, será um corpo espiritual e subserviente à felicidade do espírito e não haverá uma tendência ao, ou o perigo de, excesso ou predominância. Esta glória visível será subserviente a um senso de glória espiritual, como a música dos louvores de Deus é subserviente ao senso e ao prazer santo da mente, e isso acontecerá de maneira imediata porque aquilo que será visto pelos olhos será a glória de Deus, enquanto aquela música não será imediatamente [sentida como] a harmonia de Deus." — *The "Miscellanies"*, em *The Works of Jonathan Edwards*, Vol. 18, ed. Ava Chamberlain (New Haven, Connecticut: Yale University Press, 2000), p. 351.

meio dele e para Ele (Rm 11.36). O bem final e maior do evangelho não é auto-admiração e auto-exaltação, e sim o *sermos* capazes de ver a glória de Deus sem desintegrarmos, e o *sermos* capazes de nos deleitarmos na glória de Cristo com o próprio deleite que o Pai tem em seu Filho, e o *sermos* capazes de fazer visíveis as obras que exaltem a Cristo e fluam deste deleite. Portanto, *sermos* semelhantes a Deus é o fundamento de *vermos* a Deus como Ele realmente é, e este ver é o fundamento de *experimentarmos* a glória de Deus e *nos deleitarmos* nela, com o próprio deleite de Deus, que transborda em *manifestações visíveis* da glória dele.

Deste modo, o evangelho alcança seu alvo final em uma realidade universal e corporativa, e não apenas individual. Uma onda de revelação da glória divina nos santos e na criação é desencadeada, prosseguindo e crescendo por toda a eternidade. À medida que cada um de nós vê a Cristo e se deleita nele, com o deleite do Pai, mediado pelo Espírito, transbordaremos ações visíveis de amor e criatividade na nova terra. Deste modo, veremos a revelação da glória de Deus na vida de cada um dos outros em maneiras sempre novas. Novas dimensões de riquezas da glória de Deus, em Cristo, se manifestarão de nossos novos deleites e obras, todos os dias. E estas, por sua vez, se tornarão novas maneiras de mostrarmos e vermos a Cristo, novas maneiras que produzirão novos deleites e novas ações. Assim, uma onda de revelação sempre crescente das riquezas da glória de Deus jorrará para sempre e sempre. E se tornará evidente que o bem maior e final do evangelho é Deus.[10]

---

[10] Estes pensamentos finais também se encontram, levemente modificados, em nosso próximo livro *Contending for Our All* (Wheaton, Illinois: Crossway, 2006). Devo a Atanásio a origem destes pensamentos. Tento pagar minha dívida em um capítulo intitulado "Contending for Christ *Contra Mundum*: Exile and Incarnation in the Life of Athanasius".

Por amor do qual perdi todas as coisas
e as considero como refugo, para ganhar a Cristo.
FILIPENSES 3.8B

A minha alma suspira e desfalece pelos átrios do SENHOR;
o meu coração e a minha carne exultam pelo Deus vivo!
SALMOS 84.2

Sê Tu a minha visão, ó Senhor do meu coração;
Tudo o mais seja nada para mim, visto que Tu és,
O meu melhor pensamento, de dia ou de noite.
Andando ou dormindo, tua presença é a minha luz.
DALLAN FORGAILL

CONCLUSÃO

DEUS É O EVANGELHO — SACRIFIQUEMOS E CANTEMOS

NÃO É AMOR, SE NÃO NOS DÁ A DEUS

Deus ama como nenhum ser pode ou deve amar. Ninguém mais, no universo, pode ou deve amar mediante o dar-se a si mesmo. Não estou dizendo que o ser humano não pode dar a sua vida pelos outros e chamar isso de amor. Quero dizer que nenhum ser humano pode entregar sua vida em favor de outros *com a finalidade de que estes o considerem o seu tesouro mais valioso,* e chamar isso de amor. Isso não seria amor. Seria um desvio — e, em relação a Deus, uma traição. Eu não sou um tesouro todo-satisfatório. Por conseguinte, se eu vivo ou morro para que você *me* tenha como seu tesouro, estou enganando-o e levando o seu coração a afastar-se de Deus, o seu gozo eterno. Seu eu amasse você desta forma, teria de fazer o que Jesus fez. Teria de viver e morrer para que você tivesse a Deus. Foi isso que Jesus fez. Isso é o que Deus faz. O mais sublime ato de amor de Deus é dar-nos a Si mesmo para que O amemos.

Dizendo-o em outras palavras, o amor labora e, se necessário, sofre para nos cativar com o que é suprema e eternamente satisfatório, ou seja, Deus. Isto é verdade no que se refere ao amor de Cristo e ao nosso amor. Cristo ama, por meio do sofrimento que nos dá a Deus. Amamos por meio do sofrimento para que outros tenham a Deus. Dar-nos a nós mesmos, sem darmos a Deus, aos outros aparenta ser amor ao próximo, mas não é. Somos miseráveis, sem condições de substituir a Deus. Não somos nobres por morrermos pelos outros, se nosso coração não anela que nossa morte os leve a Deus. Uma das implicações radicais deste livro é que, se amássemos como Cristo, suportaríamos qualquer sofrimento necessário para fazer com que a glória dele fosse vista. O alvo do amor — quer por pregarmos o evangelho, quer por darmos a nossa vida — é cativar o amado com a glória de Cristo, na face de Deus, para sempre.

O ÂMAGO FACTUAL, LITERAL, HISTÓRICO E INDISPENSÁVEL DO EVANGELHO

Assim, temos visto que o bem mais elevado, melhor e final do evangelho e que o torna em boas-novas é a glória de Cristo, o qual é a imagem de Deus (2 Co 4.4). Ver, experimentar e manifestar esta glória — sem qualquer pecado e com a ajuda poderosa do Espírito Santo — é o gozo final prometido no evangelho. Nada mais é boas- novas no evangelho, se não nos levar a isto — o gozo da glória de Deus em Cristo. A morte e a ressurreição de Jesus Cristo, em favor de nossos pecados, são os atos históricos e indispensáveis do evangelho (1 Co 15.3, 4), realizados de uma vez por todas. Não existe evangelho sem a realidade literal, factual e histórica desses atos.

Mas esses eventos são boas-novas apenas por causa dos resulta- dos que produzem. Se, na história, permanecessem sozinhos, sem efeitos, esses acontecimentos não seriam novas de maneira alguma, e menos ainda, boas-novas. Eles são boas-novas porque mediante a morte e ressurreição de Cristo, a propiciação da ira de Deus, o per- dão de nossos pecados e a imputação da justiça de Cristo tornaram-se nossas pela fé somente. A ira de Deus foi removida dele; a culpa foi removida de nós, e a obediência de Cristo é reputada como nossa — este é o resultado de Cristo haver sido crucificado, em nosso lugar, e ressuscitado dentre os mortos.

Muitos crentes param neste ponto, ao responderem a pergunta: o que é o evangelho? Pensam que responderam o que torna boas as boas-novas, quando apenas falaram que a ira de Deus foi removida, a culpa, anulada, e a justiça, imputada. Mas, porque a propiciação, o perdão e a imputação são boas-novas? O que os torna boas-novas? A resposta a esta pergunta, especialmente se for dada com alegria, faz a maior diferença no mundo.

DEUS É O BEM FINAL QUE TORNA BOAS AS BOAS-NOVAS

Mesmo se alguém respondesse que estas verdades são boas-novas porque providenciam o livramento do inferno e a entrada no céu, o que aprenderíamos dessa resposta? Não aprenderíamos o assunto decisivo. Não saberíamos por que uma pessoa quer ir para o céu. Oh! quantos existem para os quais o céu representa apenas a ausência de sofrimento e a presença de felicidade eterna! Eis agora a questão absolutamente decisiva: esta felicidade está no próprio Deus ou nas dádivas do céu?

O argumento deste livro é que o evangelho cristão não é meramente que Jesus morreu e ressuscitou; não é meramente que esses acontecimentos apaziguam a ira de Deus, perdoam o pecado e justificam pecadores; não é meramente que esta redenção nos livra do inferno e nos leva para o céu. O evangelho cristão é que a morte e a ressurreição de Jesus nos trazem à glória de Deus, na face de Jesus Cristo como nosso tesouro supremo, eterno e todo-satisfatório. "Cristo morreu, uma única vez, pelos pecados, o justo pelos injustos, *para conduzir-vos a Deus*" (1 Pe 3.18).

DEUS É O EVANGELHO

Isso é o que estou dizendo com o título *Deus é o Evangelho*. E, para que não haja qualquer mal-entendido, dever ficar claro que, deste ponto final de gozo centralizado em Deus, na glória de Deus, a bondade e o gozo da glória de Deus fluem de volta por intermédio do dom do céu e da obra de justificação, perdão, propiciação, ressurreição e crucificação. E o efeito é que agora estes acontecimentos e resultados centrais do evangelho resplandecem muito mais intensamente com aquilo que os torna verdadeiramente boas-novas — a revelação da glória de Deus na face de Cristo.

Ora, quando proclamamos a morte e a ressurreição de Jesus como boas-novas, não estamos apenas exultando nos atos ou nas dádivas de Deus. Estamos mostrando a razão prazerosa e final para as chamarmos de *boas*-novas. Quando proclamamos que a morte e a ressurreição de Jesus é o fundamento da propiciação da ira de Deus, do perdão dos pecados e da imputação da justiça, não estamos apenas amenizando a culpa e aliviando os temores — estamos manifestando a glória de Deus. Estamos fazendo conhecidos não apenas os atos e as dádivas divinas — estamos fazendo conhecidos a verdade, a beleza e o valor do próprio Cristo, o qual é a imagem de Deus. Por meio do poder criativo e soberano de Deus, estamos abrindo os olhos dos cegos (At 26.17b, 18; 2 Co 4.4, 6), para que vejam, no evangelho, a luz "do conhecimento da glória de Deus, na face de Cristo". Estamos deixando claro que não há salvação por meio do evangelho, quando o bem mais elevado, melhor e final do evangelho não é visto e experimentado. Esse bem é a glória, o valor, a beleza e o tesouro do próprio Cristo, que é verdadeiro Deus e verdadeiro homem.

O PODER TRANSFORMADOR DA GLÓRIA DE CRISTO NO EVANGELHO

Quando procuramos a santificação — a luta por santidade e contra o pecado — lutamos com instrumentos do evangelho, e o fazemos, talvez, de um modo diferente do que já havíamos feito. Em nossas próprias lutas, em nosso aconselhamento e (para alguns de nós) em nossa pregação, compreendemos que o poder do evangelho para transformar-nos em pessoas radicalmente amáveis não está apenas em sermos perdoados ou considerados justos, mas também em vermos e experimentarmos a glória de Cristo, no evangelho.

Elevaremos 2 Coríntios 3.18 a uma posição de importância suprema em nossa busca prática por amor e justiça. "E todos nós, com o rosto desvendado, contemplando, como por espelho, a glória do Senhor, somos transformados, de glória em glória, na sua própria imagem, como pelo Senhor, o Espírito." Em outras palavras, a luta por nos tornarmos semelhantes a Cristo será, como nunca antes, uma luta por vermos e experimentarmos a Jesus Cristo. Quando, por exemplo, tentarmos ajudar um adolescente a triunfar sobre a pornografia, trabalharemos e oraremos para ajudá-lo a ver e experimentar a glória de Cristo. Não usaremos meramente sistemas de prestação de contas, filtros e argumentações humanas. Procuraremos saturar-lhe a mente e o coração com a visão encantadora do Cristo todo-satisfatório. Não admitiremos que isto é fácil. Recordaremos que o deus deste mundo quer cegar nossa mente, para que não vejamos a luz do evangelho da glória de Cristo (2 Co 4.4). Mas agora sabemos onde a batalha tem de ser travada. Tem de ser travada no nível da visão espiritual. Este é o caminho da liberdade do evangelho e do amor radical semelhante ao de Cristo.[1]

---

1 Ver "The Fight for Joy Is a Fight to See", em John Piper, *When I Don't Desire God: How to Fight for Joy* (Wheaton, Illinois: Crossway Books, 2004), pp. 57-69.

OREMOS, SACRIFIQUEMOS E CANTEMOS

Chegamos ao final deste livro. Como nos afastaremos, você e eu, um do outro? Talvez com o compromisso de orar e uma palavra de exortação. Tenha como o seu alvo, de agora em diante, o ver a glória de Cristo no evangelho. Tenha como o seu alvo o deixar que os olhos de seu coração captem os feixes de luz da glória que resplandece no evangelho, até que a atenção de sua mente e as afeições de seu coração descansem em Deus. E quando, por meio desta visão, você tiver sido liberto das vaidades deste mundo, consagre-se à mais sublime, humilde e feliz vocação deste mundo — a manifestação da glória de Cristo na proclamação e demonstração do evangelho de amor. Para atingir este objetivo, comprometo minhas orações em seu favor.

Talvez haja uma última coisa que eu possa fazer. Embora agora vejamos como por espelho, obscuramente, aquilo que um dia testemunharemos face a face, já temos visto o bastante para saber o que temos de cantar. Não existe qualquer parte do evangelho que não deva ser cantada. Cada faceta do diamante é uma centelha que acendeu um fogo na alma de poetas cristãos que compuseram para o bem da igreja. Mas a glória de todo o diamante resplandece com um brilho maior — ou seja, Jesus Cristo, a imagem de Deus. Portanto, para ajudá-lo a cantar sobre este assunto, reuni alguns cânticos que, durante os séculos, têm celebrado a Cristo como nosso supremo tesouro.

QUATORZE SÉCULOS DE CÂNTICOS QUE EXALAM A CRISTO

Compostas originalmente em irlandês arcaico, as palavras de "Sê Tu Minha Visão" são atribuídas ao poeta irlandês Dallan Forgaill, que viveu no século VIII. Se a igreja de Jesus Cristo, ao redor do mundo, fizesse em nossos dias esta oração, com fervor e sinceridade, que revolução copernicana da centralidade de Deus provavelmente aconteceria!

Conclusão: Deus é o evangelho — sacrifiquemos e cantemos

Sê Tu a minha Visão, ó Senhor do meu coração;
Tudo o mais seja nada para mim, visto que Tu és,
Meu melhor Pensamento, de dia ou de noite,
Andando ou dormindo, Tua presença é a minha luz.

Sê Tu minha Sabedoria e minha Palavra verdadeira;
Eu, sempre conTigo, e Tu comigo, Senhor;
Tu, meu grandioso Pai, eu, teu filho verdadeiro;
Tu, em mim habitando e eu conTigo, somos um.

Sê Tu meu Escudo de batalha, Espada para a luta;
Sê Tu minha Dignidade, Tu, meu Deleite;
Tu, o Abrigo de minha alma, Tu, minha Torre elevada;
Eleva-me Tu para o céu, ó Poder do meu poder.

Riquezas não procuro, nem o fútil louvor do homem,
Tu és minha Herança, agora e sempre;
Tu, somente Tu, o Primeiro em meu coração,
Supremo Rei do céu, Tu és meu Tesouro.

Supremo Rei do céu, ganhaste a minha vitória;
Que eu alcance os gozos do céu, ó esplendoroso Sol Celestial!
Coração de meu próprio coração, não importa o que aconteça,
Sê para sempre a minha Visão, ó Regente de tudo.

Quatrocentos anos depois, no século XII, o francês Bernard de Clairvaux escreveu em latim "Jesus, o Próprio Pensamento de Ti". Uma das bênçãos de canções como esta é a formação de um vocabulário de deleite em nossa mente, enquanto a afeição de prazer espiritual é despertada em nosso coração pela contemplação de Cristo.

DEUS É O EVANGELHO

Jesus, o próprio pensamento de Ti
Com doçura enche-me o coração;
Mais doce, porém, é ver a Tua face
E em Tua presença descansar.

Nem voz pode cantar, nem coração pode imaginar,
Nem a memória pode encontrar
Um som mais doce que Teu nome bendito,
Ó Salvador da humanidade!

Ó Esperança de todo coração contrito,
Ó Alegria de todos os humildes,
Aos que caem, quão amável Tu és!
Quão bom àqueles que Te buscam!

Mas, o que dizer dos que Te encontram?
Oh, isto nem língua nem caneta podem mostrar;
O amor de Jesus, o que Ele é,
Ninguém, exceto os seus amados sabem.

Jesus, sê Tu nosso único Regozijo,
Como Teu será o nosso louvor.
Jesus, sê Tu nossa glória agora
E durante toda a eternidade.

Ó Jesus, Luz de todos deste mundo,
Tu, Fonte de fogo vivente,
Excedes todos os gozos que conhecemos
E tudo o que podemos desejar.

Conclusão: Deus é o evangelho — sacrifiquemos e cantemos

Os santos de todos os séculos que viveram repletos de Cristo ecoaram a nota de que as melhores alegrias do mundo não podem ser comparadas com os prazeres da fé na presença de Cristo. Os gozos superiores de conhecer a Jesus são o tema do hino "Jesus, Tu és o Gozo de Corações que Amam", de Bernard de Clairvaux.

Jesus, Tu és o gozo de corações que amam,
Tu, Fonte de vida, Tu, Luz dos homens,
Das melhores alegrias que a terra outorga,
Incompletos, nos volvemos a Ti outra vez.

Tua verdade imutável permanece firme;
Tu salvas aqueles que Te invocam;
És bom para aqueles que Te buscam,
Para àqueles que Te acham Tu és tudo em tudo.

Nós Te provamos, ó Pão que dá vida,
Anelamos alimentar-nos mais de Ti;
Bebemos de Ti, límpido Manancial
E satisfazemos em Ti a sede de nossa alma.

Nosso espírito fatigado anela por Ti,
Onde quer que nos leve a vida;
Somos felizes, ao vermos Teu afável sorriso,
Benditos, quando a nossa fé se apega a Ti.

Ó Jesus, fica sempre conosco.
Faze todos os nossos momentos calmos e brilhantes;
Manda embora a noite escura do pecado.
Derrama sobre nós a Tua santa luz.

Um dos mais famosos hinos evangélicos — Maravilhoso Jesus — foi escrito por um alemão desconhecido, no século XVII. Foi publicado primeiramente em *Münster Gesangbuch*, em 1677. "Maravilhoso Jesus" considera com seriedade todas as belezas da natureza e declara em cada estrofe que Cristo é mais belo. O quarto verso geralmente é omitido nos hinários, mas expressa uma verdade não afirmada nos outros versos — ou seja, que Jesus não é somente mais belo do que todas as belezas da natureza, Ele é a soma de toda a beleza. O que vemos na natureza, vemos ainda mais gloriosamente em Cristo.

Formoso Senhor Jesus, Rei de toda a natureza.
Ó Tu, Filho de Deus e do homem,
Eu Te amarei, eu Te honrarei,
A glória, o gozo, a coroa de minha alma.

Lindos são os campos, mais lindas as florestas,
Vestidas com a túnica das flores da primavera,
Jesus é mais belo, Jesus é mais puro,
Ele faz o triste coração cantar.

Lindo é o esplendor do sol, mais lindo é o luar
E todas as hostes de estrelas cintilantes;
Jesus brilha ainda mais, com maior pureza,
Do que os anjos no céu podem se gloriar.

Toda formosa beleza, no céu e na terra,
Estão maravilhosamente em Ti, Jesus.
Ninguém é mais íntimo, querido e formoso
Do que Tu és para mim, meu Salvador.

Conclusão: Deus é o evangelho — sacrifiquemos e cantemos

> *Formoso Salvador! Senhor de toda as nações!*
> *Filho do Homem e Filho de Deus!*
> *Glória e honra, louvor e adoração*
> *Agora e para sempre sejam Teus.*

Georg Michael Pfefferkorn, um professor e pastor, também escreveu em alemão. Seu hino *Was frag'ich nach der Welt* (O Que é o Mundo Para Mim?) foi publicado em 1667. Embora não seja muito conhecido, este hino expressa as muitas maneiras em que Cristo ultrapassa tudo o que o mundo pode oferecer.

> *O que é o mundo para mim,*
> *Com todos os seus fúteis prazeres,*
> *Quando Tu, e somente Tu,*
> *Senhor Jesus, és o meu Tesouro? Somente*
> *Tu, amado Senhor, Serás o Deleite de minha alma;*
> *Tu és minha Paz e meu Descanso —*
> *O que é o mundo para mim?*

> *O mundo é como uma nuvem,*
> *E como um vapor que se esvai,*
> *Uma sombra que declina,*
> *Veloz para encontrar o seu fim.*
> *Meu Jesus permanece,*
> *Embora tudo suma e desapareça.*
> *Minha Rocha eterna —*
> *O que é o mundo para mim?*

> *O mundo busca riquezas*
> *E tudo que Mamom oferece.*

DEUS É O EVANGELHO

Mas nunca está contente,
Embora o ouro encha seus cofres.
Tenho um Bem mais elevado,
E com Ele me contentarei:
Meu Jesus é minha Riqueza —
O que é o mundo para mim?

O mundo aflige-se extremamente
Sempre que é menosprezado
Ou quando sua fama e honra,
Inúteis, têm sido arruinadas.
Cristo, Teu opróbrio quero levar
Enquanto isso for do Tua vontade.
Sou honrado pelo meu Senhor —
O que é o mundo para mim?

O mundo, com orgulho audacioso,
Exalta seus prazeres pecaminosos,
E, por causa deles, despreza
Com tolice os tesouros celestiais.
Que os outros amem o mundo
Com toda a sua vaidade;
Eu amo o Senhor, meu Deus —
O que é o mundo para mim?

O mundo não permanece;
Como um relâmpago, ele sumirá;
Com toda a sua pompa suntuosa
A pálida morte ele não pode banir;
Suas riquezas passarão,

> E todos os seus gozos têm de sumir,
> Mas Jesus permanece —
> O que é o mundo para mim?
>
> O que é o mundo para mim?
> Meu Jesus é meu Tesouro,
> Minha Vida, minha Saúde, minha Riqueza,
> Meu Amigo, meu Amor, meu Prazer,
> Meu Gozo, minha Coroa, meu Tudo,
> Minha Felicidade, eternamente.
> Mais uma vez, então, eu declaro —
> O que é o mundo para mim?

Alguém poderia entender um hino como este muito além do seu significado e desconsiderar todas as dádivas de Deus como se não tivessem qualquer valor na exaltação de Cristo. Isso seria um erro. Devemos correr o risco de cantar desta maneira? Sim, por causa dos precedentes bíblicos em textos ainda mais radicais como Salmos 73.25: "Quem mais tenho eu no céu? Não há outro em quem eu me compraza na terra"; e Salmos 16.2: "Digo ao SENHOR: Tu és o meu Senhor; outro bem não possuo, senão a ti somente"; e Filipenses 3.8: "Sim, deveras considero tudo como perda, por causa da sublimidade do conhecimento de Cristo Jesus, meu Senhor". Às vezes, o coração vê o supremo valor de Deus em tão completo contraste com tudo o que Ele tem feito, que a melhor maneira de dizer isso é afirmar que Deus é tudo e que o resto é como nada. Espero ter nos guardado de uma censura antibíblica por parte do mundo, no Capítulo 10.

Johann Franck se une ao coro de seu notável século, na Alemanha, e canta a respeito de Jesus como a fonte do mais puro prazer.

DEUS É O EVANGELHO

"Jesu, Meine Freude" foi publicado em 1653 e traduzido para o inglês por Catherine Winkworth em 1863, com o título de "Jesus, Tesouro Inestimável"

Jesus, Tesouro inestimável, Fonte do mais puro prazer,
Verdadeiro Amigo para mim, há muito meu coração tem anelado
Até que ele quase desfalecido, sedento, busca por Ti,
Eu sou Teu, ó Cordeiro imaculado,
Nada sofrerei para ocultar-Te, e nada pedirei além de Ti.

Em Teus braços, eu descanso; inimigos que desejam
molestar-me, não podem alcançar-me neste lugar.
Embora a terra trema e os corações vacilem,
Jesus acalma nossos temores.

O pecado e o inferno entram em conflito,
Com suas tormentas mais intensas nos assaltam,
Mas Jesus não falhará conosco.

Por isso, em todo pensamento de tristeza
O Senhor da alegria, Jesus, penetra.
Aqueles que amam o Pai,
Embora apanhados pelas tormentas, têm paz no íntimo;
Sim, não importa o que tenhamos de suportar neste mundo,
Em Ti, há o mais puro prazer, Jesus, Tesouro inestimável!

Charles A. Tindley nasceu em 1851. Como o filho de um escravo americano, ele aprendeu sozinho a ler e obteve por correspondência sua graduação em teologia. "Em 1902, ele se tornou pastor da Igreja Metodista Episcopal do Calvário, em Filadélfia,

Conclusão: Deus é o evangelho — sacrifiquemos e cantemos

na Estado da Pensilvânia. Antes, ele havia sido o zelador dessa igreja. No tempo de sua morte, a igreja tinha 12.500 membros... O hino "Um Dia Eu Vencerei", escrito por Tindley, foi a base para a antífona dos direitos civis americanos "Nós Venceremos".[2] O poema "Nada Entre Minha alma e Meu Salvador" foi escrito em 1905. No gênero evangélico, esse poema representa a paixão de uma pessoa que ama a Cristo e que nunca permite qualquer prazer competidor se interpor entre a alma e o Salvador.

> *Nada entre minha alma e meu Salvador,*
> *Nada dos sonhos ilusórios deste mundo;*
> *Renunciei todos os prazeres pecaminosos;*
> *Jesus é meu, não há nada entre Ele e eu.*
>
> *Nada entre Ele e eu, como prazer mundano;*
> *Hábitos de vida, embora não pareçam prejudiciais,*
> *Não podem jamais separar dele meu coração;*
> *Ele é meu tudo, não há nada entre Ele e eu.*
>
> *Nada entre Ele e eu, como orgulho ou posição;*
> *Ego ou amigos não interferirão;*
> *Embora me custe muita tribulação,*
> *Estou resolvido, não há nada entre Ele e eu.*
>
> *Nada entre Ele e eu, ainda que provações, abundantes e duras,*
> *Embora todo o mundo se reúna contra mim,*
> *Vigiando em oração e muita auto-renúncia,*
> *Eu triunfarei no final, não há nada entre Ele e eu.*

---

2 Citado de http://www.cyberhymnal.org/bio/t/i/tindley_ca.htm, acessado em 05/04/2005.

DEUS É O EVANGELHO

O século XX viu uma explosão de música popular de adoração. Surpreendentemente, grande parte dessa música se fixava em Cristo e sua obra redentora. Digo surpreendentemente porque as letras dessas canções, em seu teocentrismo e sua afeição evidente pelo Cristo exaltado, ultrapassavam em muito a pregações daqueles dias. "Conhecer-Te",[3] escrita por Graham Kendrick é uma maneira diferente de narrar Filipenses 3.7-12. Esta canção, especialmente o seu refrão, entremeia a preciosidade do próprio Jesus com a grande verdade evangélica da justiça atribuída por Cristo.

Tudo que antes eu considerava querido,
Sobre o que construí minha vida
Todo este mundo reverencia e luta para obter
Tudo que antes eu considerava ganho, reputei perda
Refugo e indignidade, se comparado com isto

Conhecer-Te, Jesus, conhecer-Te,
Não existe coisa maior. Tu és meu Tudo, Tu és o Melhor,
Tu és meu Gozo, minha Justiça, e eu Te amo, Senhor.
Agora o desejo de meu coração é conhecer-Te mais,
Ser achado em Ti e conhecido como teu,
Para possuir, pela fé, o que não poderia ganhar
O dom da justiça, que excede todas as coisas.

Oh! Conhecer o poder da tua vida ressurreta
E conhecer-Te em teus sofrimentos;
Tornar-me semelhante a Ti, em tua morte, meu Senhor,
Para contigo viver e jamais morrer.

---

3 Graham Kendrick, "Knowing You", Copyright © 1993 Make Way Music, P. O. Box 263, Croydon, Surrey. CR9 5AP, U.K.

Conclusão: Deus é o evangelho — sacrifiquemos e cantemos

No começo do século XXI, tem havido, pelo menos em alguns grupos, uma crescente focalização da obra central de Cristo, na cruz. Uma das melhores expressões musicais do que este livro, *Deus É o Evangelho*, tem procurado dizer é a canção "Eu me Gloriarei em meu Redentor",[4] escrita por Steve e Vikki Cook. A sua narrativa dos acontecimentos do evangelho, com seus efeitos, é poderosa: o sangue de Cristo me resgatou — o Cordeiro é minha justiça — Ele destruiu o poder da morte e do pecado — Ele comprou minha vida — Ele me leva em asas de águia — Ele me espera às portas de ouro.

A repetição sêxtupla do verso "Eu me gloriarei no Redentor" não deixa dúvidas: o alvo de todos os acontecimentos e dos efeitos do evangelho é cativar-nos com o próprio Cristo. Tanto agora como no último Dia, Cristo é tudo. "Não tenho anelos por ninguém mais/ Estou satisfeito somente nele." Assim será na hora da morte: "E, quando Ele me chamar, será paraíso/Sua face para sempre contemplar".

Por que será paraíso contemplar a face de Cristo para sempre? Porque isto é o evangelho — ver e experimentar a luz "do conhecimento da glória de Deus, na face de Cristo" (2 Co 4.6). Deus, resplandecendo na face de Cristo, para o nosso regozijo eterno e incessante, é o bem supremo, melhor e final que torna boas as boas-novas.

Eu me gloriarei em meu Redentor
Cujo sangue inestimável me resgatou
Meu era o pecado que pregou os cravos amargos

---

4 Música e melodia de Steve e Vikki Cook. © 2001 PDI Worship (ASCAP). Sovereign Grace Music, uma divisão de Sovereign Grace Ministries. Extraído de *Upward: The Bob Kauflin Hymns Project*.

DEUS É O EVANGELHO

E pendurou-O na cruz de julgamento
Eu me gloriarei em meu Redentor
Que destruiu o poder do pecado e da morte
Meu único Salvador diante do Juiz santo
O Cordeiro que é minha justiça
O Cordeiro que é minha justiça

Eu me gloriarei em meu Redentor
Ele comprou minha vida e possui meu amor
Não tenho anelos por ninguém mais
Estou satisfeito somente nele
Eu me gloriarei em meu Redentor
Sua fidelidade, meu lugar de firmeza
Embora os inimigos sejam poderosos
E lancem-se contra mim
Meus pés estão firmes, seguros por tua graça
Meus pés estão firmes, seguros por tua graça

Eu me gloriarei em meu Redentor
Que me leva em asas de águias
Ele coroa minha vida com bondade
Sua canção de triunfo sempre cantarei
Eu me gloriarei em meu Redentor
Que me espera às portas de ouro
E, quando Ele me chamar, será paraíso
Sua face para sempre contemplar
Sua face para sempre contemplar

A Quem eu canto: Amém!

LEIA TAMBÉM

JOHN PIPER

SURPREENDIDO POR DEUS

Dez verdades que podem transformar o mundo

FIEL MINISTÉRIO

O Ministério Fiel visa apoiar a igreja de Deus, fornecendo conteúdo fiel às Escrituras através de conferências, cursos teológicos, literatura, ministério Adote um Pastor e conteúdo online gratuito.

Disponibilizamos em nosso site centenas de recursos, como vídeos de pregações e conferências, artigos, e-books, audiolivros, blog e muito mais. Lá também é possível assinar nosso informativo e se tornar parte da comunidade Fiel, recebendo acesso a esses e outros materiais, além de promoções exclusivas.

Visite nosso site

www.ministeriofiel.com.br

Esta obra foi composta em AJenson Pro Regular 11.5, e impressa
na Promove Artes Gráficas sobre o papel Pólen Soft 70g/m²,
para Editora Fiel, em Maio de 2021